AF579899

FACULTÉ DE DROIT DE PARIS.

THÈSE

POUR LE DOCTORAT.

L'ACTE PUBLIC SUR LES MATIÈRES CI-APRÈS SERA SOUTENU

le mercredi 28 juin, à 9 heures et demie,

PAR

ÉMILE DAVID,

Avocat à la Cour impériale.

PRÉSIDENT : M. COLMET DAAGE, *professeur.*

SUFFRAGANTS : MM. PELLAT, BUGNET, PERREYVE, *professeurs.* ROUSTAIN, *suppléant.*

Le candidat répondra, en outre, aux questions qui lui seront faites sur les autres matières de l'enseignement.

PARIS.

IMPRIMÉ PAR E. THUNOT ET Cie,

RUE RACINE, 26, PRÈS DE L'ODÉON

1854

A MON PÈRE, A MA MÈRE.

DES

DIVERS BÉNÉFICES

ACCORDÉS A LA CAUTION.

PREMIÈRE PARTIE.

CHAPITRE PREMIER.

DU BÉNÉFICE DE DISCUSSION EN DROIT ROMAIN.

1. Dans la préface de sa novelle 4, Justinien parle d'une ancienne loi qui, après avoir été en vigueur, était tombée en désuétude il ne sait comment. C'est cette loi qu'il juge à propos de faire revivre, parce qu'il la trouve bonne dans son principe et dans ses résultats. Toutefois, il ne la rétablit pas telle qu'elle était jadis : il la modifie sur un point, afin de la corriger du vice qu'elle renferme. Nous verrons plus loin en quoi a consisté cette amélioration.

2. Quant à la date de cette ancienne loi, Justinien ne la donne pas; il ne dit pas non plus à quelle époque elle a cessé de recevoir son application. Le silence de Justinien sur ces deux points historiques, joint à celui que les jurisconsultes romains gardent sur la loi elle-même rend, il faut l'avouer, la solution du problème assez difficile. Aussi peu de savants ont-ils entrepris de la chercher. Cujas est un des téméraires qui ont cru devoir hasarder des conjectures à ce sujet. Selon lui, la loi en question est très-ancienne et remonte peut-être aux Douze Tables : « *Vetustissima enim est, et forsitan Duodecim Tabularum* (1). » Quant à sa durée, il ne la fixe pas, mais il croit saisir des traces de la loi dans la correspondance de Cicéron avec Atticus. Un auteur moderne (2) va plus loin, et se demande si cette même loi n'était pas encore en vigueur du temps de Quintilien, dont il cite ce passage : « *Non aliter salvo pudore ad sponsorem venit creditor quam si recipere a debitore non possit* (3). » Nous ne voulons pas apprécier la valeur de ces conjectures, encore bien moins voulons-nous en faire de nouvelles. Les développements que comporte le fonds même de notre sujet ne nous permettent pas de nous arrêter à des questions qui peuvent piquer la curiosité d'un antiquaire, mais qui n'offrent aucun intérêt juridique.

3. Quel était le droit consacré par cette ancienne loi? C'est ce que nous apprenons par la novelle 4, qui n'en est que le rétablissement, avec la modification partielle introduite par Justinien. Le texte de la *lex antiqua* que

---

(1) Cujas, *Expos. de la Novelle 4*.
(2) M. Troplong, *Du cautionnement*, n° 225.
(3) Declam., 273.

cet empereur a révélée ne se trouvant nulle part, ce n'est qu'indirectement et par le reflet qu'en offre la législation de Justinien que nous pouvons connaître le droit primitif de Rome sur le bénéfice de discussion. Par la novelle 4, nous apprenons donc du même coup le premier et le dernier état du droit sur le point qui nous occupe. Or quelles sont les dispositions de cette novelle ? La rubrique du chapitre I nous en donne le résumé : « *Et creditores primo loco conveniant principalem.* » Justinien veut donc que le créancier poursuive d'abord le débiteur principal avant de s'adresser à ceux qui se sont obligés pour lui. Ce n'est qu'autant qu'il n'aura pu obtenir de son débiteur l'intégralité de ce qui lui est dû qu'il pourra agir contre ses répondants. Ici, nous devons rappeler une heureuse innovation de Justinien. Avant lui, le créancier qui aurait commencé par diriger ses poursuites contre le débiteur principal n'aurait pas pu les tourner ensuite contre les fidéjusseurs. Son choix une fois fait, et l'action donnée contre le débiteur, les fidéjusseurs étaient libérés : « *Electo reo principali, fidejussor vel hœres ejus liberatur* (1). » Partant le créancier n'avait plus d'action contre eux, et il ne lui restait que l'instance qu'il avait engagée contre le débiteur. Cette situation était dure pour le créancier ; aussi Justinien voulut y porter remède. Par une constitution de l'an 531, qui forme la loi 28, au Code, *De fidejussoribus*, il décida que les fidéjusseurs ne seraient plus libérés par les poursuites dirigées contre le débiteur ; que, par conséquent, le créancier pourrait, après avoir actionné

---

(1) Paul, sent. 17, § 16.

celui-ci, faire valoir ses droits contre ceux qui avaient répondu de sa dette pour ce qu'il n'aurait pu se faire payer de cette dette.

Cette innovation de Justinien, nous devons le faire remarquer, n'avait trait qu'aux fidéjusseurs. Quant aux autres intercesseurs, pour ne parler que des *mandatores* qui figurent toujours dans les textes à côté des *fidejussores*, l'innovation ne pouvait pas les concerner, parce qu'ils étaient régis par d'autres principes, et que ce sont précisément ces principes que Justinien a voulu appliquer aux fidéjusseurs. Cette différence entre les *fidejussores* et les *mandatores* s'explique par la nature différente de leur engagement. Les premiers, en effet, n'étaient liés que par une obligation accessoire, subissant le sort de l'obligation principale à laquelle elle était subordonnée, tandis que les seconds se trouvaient soumis à une obligation principale dérivant d'un contrat ayant une existence propre et distincte du contrat intervenu entre le créancier et le débiteur. Le créancier n'avait contre le fidéjusseur que l'action résultant du contrat même auquel ce fidéjusseur avait accédé, cette action était la même contre le débiteur et contre son fidéjusseur. Au contraire c'étaient deux actions distinctes que le créancier avait contre le *mandator* et contre le débiteur : contre ce dernier, il avait l'action née du prêt qu'il lui avait fait, contre le premier il avait l'action née du mandat qu'il avait reçu de lui. Or on conçoit que cette seconde action étant distincte de la première, ne devait pas suivre la même loi qu'elle et subir le même sort. C'est ce qui explique comment l'instance engagée contre le débiteur, en éteignant la première dette pour lui substituer une obligation nouvelle née *quasi ex contractu* laissait subsister l'action du créancier contre son *mandator* (1). Ces quelques réflexions nous paraissent suffisantes pour rendre facile l'intelligence de la loi 23, C. *De fidej.* qui, consacre, à l'égard des *mandatores*, la règle que Justinien a étendue aux *fidejussores*. — Voilà donc, en substance, le droit établi, dans le premier et dans le dernier état de la législation romaine, à l'égard de ceux qui s'obligent pour autrui.

4. Nous devons maintenant indiquer l'amélioration que Justinien, dans la préface de sa novelle 4, annonce apporter à l'ancienne loi qu'il remet en vigueur. Cette amélioration porte sur le cas d'absence du débiteur principal. Pour comprendre ce qu'il y avait de spécial dans cette hypothèse, il faut se reporter au système de la procédure romaine. Ce système est loin de ressembler à notre mode de procéder. Chez nous, il est de principe que les assignations et significations faites à domicile ont le même effet que si elles étaient faites à la personne même; par conséquent, il est aussi facile de discuter le débiteur absent que le débiteur présent. Il en était autrement chez les Romains. Ceux-ci ne connaissant pas l'assignation à domicile et la procédure par défaut engagée contre un adversaire absent, il y avait beaucoup de difficultés à discuter un tel adversaire. Quelques détails sur la procédure romaine ne seraient pas ici sans intérêt; mais nous ne voulons nous permettre aucune digression.

5. Ce cas d'absence du débiteur avait donc une grande importance à Rome, et nous serions porté à croire que ce sont les difficultés et les désagréments de

---

(1) L. 27, § fin. D., *Mandati*; L. 23, C., *De fidej.*

toute sorte dont il était la source pour le créancier qui ont fait abandonner l'ancienne loi dont parle Justinien ; plus présomptueux que cet empereur qui déclare ignorer le motif de cet abandon : « *Usu vero nescimus quemadmodum non approbatam* (1). » Cette supposition nous est inspirée par la lecture attentive de la novelle 4, qui nous paraît lui fournir un fondement à peu près certain. On comprend en effet combien, sous l'empire de l'ancienne loi, les principes de la procédure romaine devaient restreindre et affaiblir les avantages de la fidéjussion pour le créancier. Celui-ci ne pouvant appeler en justice son débiteur absent ou qui se cache (*qui se latitat*), et, d'un autre côté, le fidéjusseur ne pouvant être recherché qu'après le principal obligé, il y avait là un moyen de fraude qui devait paralyser continuellement les droits des créanciers. Il n'est donc pas étonnant, quoi qu'en dise Justinien, qu'on se soit lassé d'un état de choses qui, outre qu'il compromettait les droits les plus légitimes, était un grave obstacle au crédit ; car on conçoit que les capitalistes ne devaient pas être très-disposés à prêter leur argent en présence de garanties aussi peu solides. L'ancienne loi disparut donc, et elle disparut pour faire place à une législation qui, par sa rigueur contre la caution, tomba peut-être dans un excès opposé à celui qui l'avait fait établir. Mais c'est le propre de toutes les réactions de dépasser le but qu'elles voulaient atteindre. Nous viendrons tout à l'heure à cette législation intermédiaire. Nous avons encore à faire connaître la décision de Justinien au cas d'absence du débiteur principal.

---

(1) *Nov. 4, præfatio.*

6. Cette décision porte que le créancier dont le débiteur est absent pourra agir *de plano* contre les fidéjusseurs ou autres répondants. Toutefois, si ceux-ci offrent de faire comparaître le débiteur, le juge devra leur accorder un délai à cet effet. Si, à l'expiration de ce délai, le débiteur n'est pas représenté, l'action du créancier suivra son cours contre la caution. Justinien concilie ainsi, par cette sage disposition, la protection qui est due au créancier avec la faveur que mérite celui qui s'oblige pour autrui. Ainsi, le débiteur est-il présent, le créancier devra d'abord s'adresser à lui avant d'inquiéter ses cautions; est-il absent, le créancier pourra poursuivre les cautions, sauf le délai qui sera accordé à celles-ci, si elles le demandent.

Telle est, en substance et en résumé, la disposition du chap. I de la novelle 4, relatif au bénéfice de discussion en ce qui concerne les cautions. Resterait à apprécier le caractère et la portée de cette novelle, son application au point de vue de la procédure. Mais auparavant nous devons exposer le droit intermédiaire qui l'a précédée.

7. Ce droit est formulé de la manière la plus nette dans un grand nombre de textes. Il nous suffira de citer la loi 3, C., *De fidej.*, portée en l'an 209 par l'empereur Sévère; la loi 5, au même titre, qui est ainsi conçue: « *Jure nostro est potestas creditori, relicto reo, eligendi fidejussores, nisi inter contrahentes aliud placitum doceatur.* » Nous citerons encore la loi 19, C. *eod tit.* Ces différents textes sont formels: ils consacrent le principe que le créancier est libre dans son choix, qu'il peut poursuivre qui il veut, du fidéjusseur ou du débiteur principal. Indépendamment du motif que nous avons cru pouvoir

donner de ce droit rigoureux, on peut dire qu'il était en parfaite harmonie avec la formule si brève et si énergique de la fidéjussion : « *Idem fide tua jubes? idem fide mea jubeo.* »

Le créancier pouvait donc choisir celui contre lequel il préférait diriger son action. Seulement il devait se recueillir avant de faire son choix ; car si l'on se rappelle ce que nous avons dit plus haut, à cette époque de la législation romaine, l'instance une fois engagée avec l'un des obligés, « *lite contestata* », les autres était libérés, le créancier ne pouvait revenir contre eux. C'était à lui à s'adresser au plus solvable. Il ne pouvait agir qu'une fois ; tant pis pour lui s'il ne pouvait obtenir de celui contre lequel il avait porté son action l'intégralité de la dette.

C'est en vertu des mêmes principes que le créancier qui avait reçu un gage de son débiteur n'était pas obligé de le vendre avant d'actionner le fidéjusseur (1).

8. Tel était le droit commun. Mais, comme on pense bien, il était permis d'y déroger ; les parties pouvaient stipuler le bénéfice de discussion : « *Nisi inter contrahentes aliud placitum doceatur*, » nous dit la loi 5, C., *De fidej.* Il y avait une formule spéciale qu'avaient soin d'employer ceux qui n'entendaient se soumettre qu'à un recours subsidiaire de la part du créancier. Cette formule était ainsi conçue : « *Quanto minus servari potuerit, fide tua jubes? fide mea jubeo* (2). »

Le fidéjusseur qui s'obligeait par cette formule ne pro-

---

(1) L. 51, § 3, D., *De fidej.*; L. 62, *eod. tit.*

(2) L. 116, D., *De verb. oblig.*; L. 52, D., *De fidej.*

mettait que ce que le créancier ne pourrait retirer du débiteur principal. Son engagement était donc conditionnel «*sub conditione debet*,» et la condition est celle-ci: «*Si a Titio exigi non poterit*,» si le débiteur principal ne peut pas payer. De telle sorte que, tant que celui-ci n'a pas été poursuivi et discuté, le fidéjusseur n'est pas obligé, par conséquent il ne peut pas être inquiété: «*nec recte potest conveniri;*» que, par conséquent aussi, les poursuites formées par le créancier contre le débiteur ne le libèrent pas, car la *litis contestatio* ne peut éteindre une obligation qui est encore en suspens: «*Nec Titio convento Mævius liberatur*, *qui*, *an debiturus sit*, *incertum est.*» Tout cela est parfaitement expliqué par Papinien, dans la loi **116**, D., *De verb. oblig.* Ce que promettait le fidéjusseur *in id quod servari non potuerit*, c'était donc de combler le déficit, d'indemniser le créancier de l'insolvabilité totale ou partielle du débiteur. C'est pourquoi les commentateurs ont appelé cette sorte de fidéjussion *fidejussio indemnitatis.*

A l'inverse de ce qui avait lieu dans la fidéjussion pure et simple, le créancier devait vendre les gages avant d'actionner le fidéjusseur *indemnitatis.* C'était une conséquence de la nature de l'engagement de ce fidéjusseur qui n'était tenu que : «quanto minus a debitore consequi *vel ex pretio pignoris distracti* servari potuerit (1),» c'est-à-dire pour ce que le créancier ne pourrait obtenir par l'exercice de ses actions tant personnelles que réelles.

9. D'après ce qui vient d'être dit, on comprend la

(1) L. 52, D., *De fidej.*; l. 116, D., *De verb. oblig.*

différence qui sépare le *fidejussor indemnitatis* des Romains de la caution de notre Code. Chez nous la caution est obligée pure et simple; seulement elle jouit, et encore sous de certaines conditions, d'une exception au moyen de laquelle elle peut se soustraire, au moins momentanément, aux poursuites du créancier. Bien plus avantageuse était la position du *fidejussor indemnitatis*, qui ne pouvait être recherché que discussion préalablement et complétement faite du débiteur principal.

10. Quant au fidéjusseur ordinaire, il était soumis à toute la rigueur du droit; mais il trouvait dans les principes du mandat un moyen d'échapper à cette rigueur. Voici en quoi il consistait : Le fidéjusseur, actionné par le créancier, donnait à celui-ci mandat de poursuivre le débiteur (1). Si ce débiteur était solvable, on comprend l'avantage qu'avait le fidéjusseur à éviter ainsi une avance d'argent. Seulement ce moyen n'était bon que quand le créancier s'y prêtait de bonne grâce, car il reposait sur un contrat de mandat, lequel ne peut se former que par le consentement des parties contractantes. Que si le débiteur était insolvable en tout ou en partie, le créancier pouvait revenir contre le fidéjusseur qui n'était pas libéré par les poursuites précédemment faites, car la *litiscontestatio* n'avait pu éteindre l'action née du mandat dont nous venons de parler.

11. Le *fidejussor indemnitatis* n'était pas le seul qui fût dans une position exceptionnelle. Un assez grand nombre de textes (2) nous font voir certains fidéjusseurs

(1) L. 22, § 2, D., *Mandati*.

(2) L. Moschis, D., *De jure fisci*; L. 1, C. *De conv. fisci deb.*; L. 3, §, *ult.*, *De adm. rer. ad. civit. pert.*

qui, eux aussi, sont en dehors du droit commun : tels sont ceux qui ont cautionné les débiteurs du fisc ; telles sont également les cautions des magistrats des villes. Le fisc et les cités n'actionnaient les répondants qu'après avoir discuté les biens des débiteurs principaux. L'ancien droit s'était donc maintenu à leur égard, tandis que les particuliers l'avaient abandonné.

12. Ainsi, à côté des fidéjusseurs ordinaires, régis par le droit commun, il y avait des fidéjusseurs qui, soit par suite de conventions particulières, soit en vertu de lois spéciales, se trouvaient dans une situation privilégiée. Cette situation était très-restrictive des droits du créancier ; mais ne se modifiait-elle pas au cas où le débiteur principal était absent? Cette réflexion nous est suggérée par Justinien, dans sa novelle 4, où il dit, en annonçant l'amélioration qu'il apporte à l'ancienne loi, que Papinien a le premier introduit le remède qu'il prescrit à son tour : « *Quamvis Papinianus maximus fuerit qui hoc primitus introduxit.* » Comme nous croyons impossible d'admettre que l'ancienne loi existait encore à l'époque de Papinien, et que, par conséquent, c'est à cette ancienne loi que Papinien a apporté le remède en question, nous sommes fermement convaincu que ce remède a été imaginé pour les cas exceptionnels dont nous venons de parler, en faveur du fisc, des cités et des créanciers du fidéjusseur *indemnitatis*. C'était pour venir au secours de ces trois classes de créanciers dans le cas où le débiteur était absent, que Papinien avait introduit la règle que Justinien a reproduite dans sa novelle 4.

13. Déterminons maintenant la nature du bénéfice de discussion consacré par cette novelle. Il faut le re-

connaître, ce bénéfice de discussion a peu de rapports avec celui de notre Code. Nous ne pouvons mieux faire ici que de répéter l'observation que nous avons faite à propos du *fidejussor indemnitatis* en le comparant avec nos cautions ; car l'innovation de Justinien ne nous paraît être autre chose que la situation particulière du *fidejussor indemnitatis* étendue à tous les fidéjusseurs, que la loi spéciale de la convention des parties devenue la loi générale et le droit commun. Ce caractère nous paraît ressortir d'une manière évidente de l'économie de la novelle 4, et la rubrique du chap. I suffirait à elle seule pour le mettre hors de doute : « *Ut creditores primo loco conveniant principalem.* » Il résulte bien de ces mots que le créancier n'a pas le choix, qu'il doit actionner d'abord le débiteur principal, que, par conséquent, s'il actionne le fidéjusseur le premier, son action est mal et indûment intentée : « *Veniat primum ad eum qui aurum accepit debitumque contraxit* (1). » L'empereur s'exprime d'une manière impérative, il ne laisse aucune faculté ; il ordonne au créancier de s'adresser d'abord au débiteur principal. Ce n'est que subsidiairement et « *secundum quod ab eo non potuerit recipere* (2) » qu'il pourra agir contre le fidéjusseur.

A l'appui de notre appréciation, nous citerons une phrase décisive de Cujas : « *Nihil igitur opus est hodie ex pacto caveri ut fidejussor in id tantum teneatur quanto minus a debitore servari potuerit : nam ipso jure se res habet.* » Quoi de plus clair et de plus net? Comment exprimer d'une manière plus saisissante cette idée que

---

(1) *Nov.* 4, cap. 1.
(2) *Nov.* 4, cap. 1.

l'innovation de Justinien a consisté à assimiler tous les fidéjusseurs aux fidéjusseurs *indemnitatis* ?

Ainsi, selon nous, la filiation historique du bénéfice de discussion à Rome est celle-ci : à l'origine, le droit est le même que celui de la novelle 4, moins l'amélioration de Justinien ; à l'époque intermédiaire, pas de bénéfice de discussion, si ce n'est à l'égard du fisc et des cités, et pour les *fidejussores indemnitatis ;* dans le dernier état du droit, la fidéjussion *indemnitatis* étendue à tous les fidéjusseurs, la fidéjussion *indemnitatis* qui n'était elle-même que l'ancienne loi, abolie comme loi générale, mais dont les particuliers pouvaient, par une convention spéciale, se réserver le bénéfice.

14. Il y avait une certaine classe de personnes qui étaient exceptées de la règle établie par la novelle 4 en faveur des cautions : c'étaient les *argentarii*, qui restèrent sous l'application des anciens principes. L'*argentarius* qui avait cautionné la dette de son client ne jouissait pas du bénéfice de discussion ; mais, à l'inverse, l'*argentarius* qui avait reçu un répondant de son débiteur était obligé de subir de la part de ce répondant le bénéfice dont il était, lui, privé.

Les argentarii se plaignirent de cette situation qui leur était faite ; mais l'empereur, pour répondre à leurs réclamations, ne leur accorda d'autre avantage que de pouvoir stipuler de ceux qui s'obligeaient comme fidéjusseurs envers eux une renonciation au bénéfice de discussion. Justinien semble éprouver quelque scrupule à faire cette concession, car il prend soin de la motiver d'abord sur le zèle des argentarii à remplir les devoirs de leur profession, et en second lieu, sur cette considération qu'il est permis à chacun de renoncer à un droit établi en sa faveur (1). On pense bien que les argentarii usèrent de la permission, et comme ce sont toujours les créanciers qui font la loi, les renonciations devinrent presque de style dans les contrats.

15. Nous ferons remarquer, avec Cujas, que la novelle 4, qui statue nominativement pour les *sponsores*, les *fidejussores* et les *mandatores*, s'applique par identité de motifs aux autres débiteurs accessoires, tels que les *rei constitutæ pecuniæ*, mais qu'elle ne s'applique pas à l'*expromissor*, qui, lui, n'est pas un débiteur accessoire, puisque par son intervention il libère celui à la place duquel il s'oblige.

En résumé, Justinien a établi un ordre légal de poursuites entre les débiteurs et leurs répondants: « *opponaturque ipsis constitutio et ordo per eam introductus* (2). » Ce caractère que nous attribuons au bénéfice de discussion consacré par la novelle 4, indépendamment des termes de cette novelle qui l'établissent, suivant nous, d'une manière incontestable, est confirmé par cette observation que nulle part Justinien n'a imposé à ce bénéfice les conditions et restrictions dont l'entoure notre Code. Nulle part nous ne voyons, en droit romain, que le bénéfice de discussion ait dû être opposé *in limine litis*, ou que le fidéjusseur qui l'invoquait ait été obligé d'indiquer les biens et d'avancer les frais nécessaires pour la discussion. Le bénéfice de discussion, en droit romain, s'opposait, comme tout autre moyen de défense, devant le juge. C'était une véritable défense au fond, car il consistait à repousser la demande comme contraire

(1) *Nov.* 136, cap. 1.
(2) *Nov.* 136, cap. 1.

à la novelle, et par conséquent comme non fondée en droit.

16. Transition. — Le bénéfice de discussion passa du droit romain dans notre ancien droit français.

A quelle époque y fut-il reçu?

C'est ce qu'il est impossible de dire d'une manière certaine. On n'en trouve pas de traces dans Beaumanoir, mais il en est question dans un passage des Établissements de saint Louis. C'est à partir du XIIIe siècle, époque de renaissance juridique, que l'on voit le bénéfice de discussion s'établir et se généraliser dans nos coutumes. Il est probable que c'est sous l'influence du droit romain que le bénéfice de discussion s'introduisit dans les pays de droit coutumier.

17. En empruntant le bénéfice de discussion à la novelle 4, notre ancien droit admit et consacra à son exemple la faculté d'y renoncer.

Les renonciations à la novelle, ou à l'authentique *præsente*, qui résume la novelle, furent extrêmement fréquentes; elles le furent à ce point qu'en Bourgogne, lors de la réformation de la coutume, on supprima le bénéfice de discussion comme étant tombé en désuétude (1). Mais cette suppression n'eut lieu qu'en Bourgogne; dans les autres coutumes, il fut maintenu et conservé. Les renonciations furent toujours admises, mais on exigea qu'elles fussent clairement formulées.

Pothier (2) fait remarquer qu'elle ne doivent pas s'inférer de ces expressions vagues : *promettant*, *obligeant* et

---

(1) Chasseneux, *In consuetud. Burg.*
(2) Pothier, *Oblig.*, n° 408.

renonçant, qui sont de pur style : « *Ea quæ sunt styli non operantur.* »

18. Le bénéfice de discussion n'était pas uniformément entendu et appliqué dans notre ancienne jurisprudence. Il y avait, relativement à cette institution, des divergences entre les coutumes et entre les juriconsultes. Denisart, indiquant les conditions auxquelles le tiers acquéreur ou la caution peut demander la discussion du débiteur, fait remarquer qu'il ne parle de la discussion que relativement à la coutume de Paris; que les autres coutumes ne se ressemblent pas toutes sur ce point, et que Bretonnier divise leurs dispositions sur cette matière en six classes (1).

19. Les anciens auteurs étaient en désaccord sur la nature même du bénéfice de discussion. Quelques-uns considéraient l'obligation du fidéjusseur comme une obligation conditionnelle, ne produisant son effet qu'au cas où le débiteur ne pouvait pas payer. Voici ce que dit Domat à ce sujet : « L'obligation du fidéjusseur n'étant » qu'accessoire et subsidiaire de celle du principal obligé, » et pour satisfaire à ce qu'il manquera d'acquitter, cette » obligation est comme conditionnelle, pour n'avoir son » effet qu'en cas que le débiteur ne puisse payer. Aussi » le fidéjusseur ne peut être poursuivi qu'après que le » créancier ayant fait les diligences nécessaires pour la » discussion du principal obligé, n'a pu être payé (2). »

Denisart tient absolument le même langage aux n°s 1 et 2 de son article (3), et pourtant il dit un peut plus loin, au n° 6, que « la discussion doit être demandée

---

(1) Denisart, v° *Discussion* 4.
(2) Domat, *Lois civiles*, liv. 3, tit. 4, sect. 2, n° 1.
(3) Denisart, v° *Discussion*.

avant la contestation en cause; si elle n'est requise ou opposée qu'après, le juge doit la rejeter, parce qu'elle n'a pas lieu de plein droit. »

Cela n'est-il pas contradictoire?

Il me semble que dire que l'obligation de la caution est conditionnelle, subordonnée à la discussion préalable du débiteur, c'est dire que la poursuite intentée de prime abord contre la caution est mal et indûment intentée, que le créancier qui l'intente est sans droit, que sa demande est injuste, et que, par conséquent, l'exception qui tend à repousser cette demande peut être opposée en tout état de cause. Il nous semble que dire que l'obligation de la caution est conditionnelle, c'est dire que la discussion a lieu de plein droit, *ipso jure*. Cette contradiction prouve que son auteur n'avait pas des idées bien nettes sur le bénéfice de discussion, et nous serions porté à croire que Denisart n'est pas le seul auquel on pourrait adresser un semblable reproche.

Despeisses pose le principe de la manière la plus nette et la plus précise: « Il n'est pas permis, dit-il, d'agir contre la caution que le créancier n'ait discuté le débiteur principal et l'ait fait voir insolvable en tout ou en partie, en sorte que la caution sera tenue seulement pour ce que le créancier n'aura pu retirer du débiteur (1). »

20. Ainsi, suivant certains auteurs, l'obligation de la caution est conditionnelle de sa nature. Partant, le bénéfice de discussion n'est pas seulement une exception de faveur, mais un droit rigoureux pour elle. C'est le caractère que lui assignait la novelle 4.

---

(1) Despeisses, DES CONTRATS part. 2. tit. 2 *des Cautions*, sect. 3.

De là, on concluait qu'il pouvait être opposé en tout état de cause, que c'était une exception péremptoire. C'était la doctrine d'un certain nombre de vieux auteurs que cite Merlin (1), et cette doctrine avait été adoptée par plusieurs arrêts.

Mais cette manière d'envisager le bénéfice de discussion était loin d'être la plus générale.

L'opinion et la pratique dominantes la considéraient comme une pure exception dilatoire, soumise à certaines conditions, devant être opposée, sous peine de déchéance, *in limine litis* avant la contestation en cause. et médiocrement favorable. C'était la doctrine de Pothier, et c'est cette doctrine, généralement reçue dans notre ancien droit, que notre Code a consacrée.

CHAPITRE II.

DU BÉNÉFICE DE DISCUSSION DANS NOTRE DROIT FRANÇAIS ACTUEL.

21. L'art. 2021 du Code Napoléon consacre le bénéfice de discussion en ces termes : « La caution n'est obligée envers le créancier à le payer qu'à défaut du débiteur, qui doit être préalablement discuté dans ses biens, à moins que la caution n'ait renoncé au bénéfice de discussion, ou à moins qu'elle ne se soit obligée solidairement avec le débiteur, auquel cas l'effet de son

(1) Merlin, *Rép.*, v° *Caution*, § 4.

engagement se règle par les principes qui ont été établis pour les dettes solidaires. »

22. La première question qui doit nous préoccuper en abordant l'étude de notre législation actuelle sur cette matière, c'est celle de savoir comment les rédacteurs du Code ont envisagé le bénéfice de discussion, et dans quel sens ils ont voulu le consacrer dans nos lois.

Nous avons dit que le législateur de 1804 avait admis sur ce point la doctrine de Pothier, qui était la plus généralement admise, surtout dans les derniers temps de notre ancien droit. Cette assertion paraît, au premier abord, se concilier assez mal avec les termes de l'article 2021, que nous venons de citer, et aussi avec ceux de l'art. 2011, qui définit le cautionnement. Mais toute difficulté disparaît devant la disposition de l'art. 2022, ainsi conçu : « Le créancier n'est obligé de discuter le débiteur principal que lorsque la caution le requiert sur les premières poursuites dirigées contre elle. » Ce texte ne peut laisser aucun doute sur la nature du bénéfice de discussion dans notre droit actuel. L'obligation de la caution n'est plus considérée comme conditionnelle, le créancier n'est plus dans la nécessité de discuter le débitour principal avant d'attaquer celui qui a répondu pour lui. Il n'est obligé à cette discussion que lorsque la caution le requiert, et encore lorsqu'elle le requiert sur les premières poursuites dirigées contre elle.

Le bénéfice de discussion est donc, d'après notre Code comme d'après Pothier, une pure exception de faveur accordée à la caution en considération des services qu'elle rend au crédit et du sentiment généreux qui a présidé à son engagement : « *Non aliter salvo pudore ad sponsorem venit creditor quam si recipere a debitore non possit* (1). » Voilà la première idée qui domine cette matière. La seconde, c'est que cette faveur accordée à la caution ne doit pas être préjudiciable pour le créancier. L'esprit de la loi est dans la combinaison et la conciliation de ces deux principes : ***Fidejussoribus et talibus prodesse sanctum est*** (2), et ***parcendum legitimo creditori.*** De là les conditions qu'elle impose au bénéfice de discussion, conditions qui sont destinées à sauvegarder les droits du créancier. Nous les indiquerons tout à l'heure.

23. De ce que le créancier est recevable à agir directement contre la caution, nous conclurons qu'il n'est pas tenu de mettre le débiteur en demeure avant d'actionner la caution. Dès lors qu'on admet qu'une demande en justice contre le débiteur principal n'est pas nécessaire, je ne vois pas pourquoi on exigerait un autre mode d'interpellation.

Encore un coup, l'obligation du fidéjusseur n'est nullement conditionnelle, n'est nullement subordonnée au cas où le débiteur ne payera pas, ne pourra pas payer : « *Si à Titio exigi non poterit* (3). » Du moment que la dette est exigible et que le débiteur ne l'a pas acquittée, la caution peut être poursuivie, sauf à elle à user du bénéfice de discussion. Delvincourt et M. Duranton (4), qui soutiennent l'opinion contraire, invoquent la loi 16, § 6, D., *De fidej.* Mais nous ne croyons pas que cet argument soit fondé ; car, selon nous, l'espèce posée par cette loi

(1) Quintilien, *Declam.* 273.
(2) *Nov.* 4.
(3) L. 116, D., *De verb. oblig.*
(4) *Du cautionnement*, t. XVIII, n° 331

est un cas de *fidejussio indemnitatis.* Le fidéjusseur ne s'est pas engagé purement et simplement par la formule consacrée : *idem fide tua jubes! idem fide jubeo ;* il a mis une condition à son engagement : « *Si reus non solverit,* » ce qui doit s'entendre en ce sens : *Si reus non solvere poterit.*

24. Une autre conséquence que nous tirerons de la nature du bénéfice de discussion de notre Code, c'est que la caution ne peut pas obliger le créancier à faire des diligences contre le débiteur, afin de prévenir son insolvabilité.

C'est ce qu'on décidait en droit romain pour le fidéjusseur pur et simple (1).

Il en était autrement à l'égard du *fidejussor indemnitatis*, à cause du caractère conditionnel de son obligation. Ce fidéjusseur était libéré lorsque le créancier avait laissé le débiteur devenir insolvable, faute de le poursuivre dès l'exigibilité de la dette (2). Ici nous pourrions signaler une contradiction de Domat, qui, après avoir posé en principe que l'obligation du fidéjusseur est conditionnelle et lui avoir ainsi assigné le même caractère qu'à la *fidejussio indemnitatis*, adopte la décisision de la loi 62, D., *De fidej.*, laquelle pourtant ne s'applique qu'au fidéjusseur pur et simple.

25. Quelle caution a qualité pour opposer l'exception de discussion ?

Toute caution peut invoquer le bénéfice de discussion : voilà la règle. Par exception, certaines cautions ne jouissent pas de ce bénéfice.

(1) L. 62, D., *De fidej.*
(2) L. 41, D., *De fidej.*

Ainsi n'en jouissent pas : 1° les cautions judiciaires. Il importe d'assurer l'exécution des décisions de la justice.

2° Les cautions qui ont renoncé expressément ou tacitement à cette exception.

Est-elle censée y avoir renoncé la caution qui a déclaré s'obliger comme débiteur principal ? Pothier (1), d'après Basnage, décide l'affirmative. Nous croyons cette décision incontestable.

3° La caution qui s'est obligée solidairement avec le débiteur principal a par là même renoncé au bénéfice de discussion (art. 2021). Dans ce cas, ajoute cet article, « l'effet de son engagement se règle par les principes qui ont été établis pour les dettes solidaires. »

Il faut prendre garde d'exagérer la portée de ces mots : ils ne signifient pas que la caution solidaire est complétement assimilée à un codébiteur solidaire. La clause par laquelle la caution s'est obligée solidairement avec le débiteur n'a pas, en effet, enlevé à la caution sa qualité de débiteur accessoire. L'assimilation n'est vraie qu'en ce qui concerne le bénéfice de discussion et aussi le bénéfice de division (art. 1203).

Quant aux autres différences qui distinguent les cautions des débiteurs solidaires, elles continuent d'exister. Ainsi ce sera l'art. 1287 qu'on appliquera aux cautions solidaires, et non l'art. 1285 qui régit les codébiteurs solidaires. De même, ce sera le 1er al. de l'art. 1294 que l'on appliquera aux cautions solidaires et non le 3e al. du même article, applicable seulement aux codébi-

(1) *Oblig.*, n° 408.

teurs solidaires. Semblable observation pour l'art. 2038, dont la disposition toute favorable protégera la caution solidaire en laissant le codébiteur solidaire exposé aux conséquences rigoureuses des principes.

26. Les cautions commerciales jouissent-elles du bénéfice de discussion? La négative est généralement admise aujourd'hui comme elle l'était autrefois (1). On a considéré que ce serait une entrave à la célérité qu'exigent les affaires commerciales. La question ne peut s'élever d'ailleurs que pour les cautions autres que le donneur d'aval. En ce qui touche ce dernier, la loi a elle-même tranché la question en décidant, art. 142 du C. de com., qu'il était tenu solidairement et par les mêmes voies que les tireur et endosseurs. Mais, bien entendu, notre solution est inapplicable au non-commerçant qui se serait engagé comme caution envers un commerçant dans la forme ordinaire (2).

27. La caution ne peut opposer le bénéfice de discussion quand elle vient à hériter du débiteur principal, car elle est tenue dès lors comme débiteur principal, la confusion ayant éteint son cautionnement.

28. Si le créancier était en même temps débiteur de la caution, il va sans dire que la compensation produirait son effet ordinaire nonobstant le bénéfice de discussion; car ce bénéfice n'empêche pas que l'obligation du fidéjusseur soit pure en simple.

29. De même lorsque la caution du vendeur agit en revendication contre l'acquéreur, celui-ci peut lui oppo-

(1) Émérigon, t. II, p. 531; Casarégis, *Disc.* 68, n° 14.
(2) Troplong, n° 233

ser la règle : *Quem de evictione*, etc., sans que la caution puisse à son tour lui opposer l'exception de discussion, C'était la décision de loi **11**, **C.**, *De evict.* (1).

30. Deux ou plusieurs débiteurs sont obligés solidairement. L'un d'eux donne caution. Cette caution peut-elle renvoyer le créancier à la discussion des débiteurs qu'elle n'a pas cautionnés ? Pothier (2) pense qu'elle le peut : il se fonde sur le motif même qui a fait établir le bénéfice de discussion, à savoir : « qu'il est équitable qu'une dette, autant que faire se peut, soit payée plutôt par ceux qui en sont les véritables débiteurs et qui ont profité du contrat, que par ceux qui en sont débiteurs pour autrui. » Nous nous en tenons à cette raison de Pothier, qui nous paraît décider la question.

31. A quelles conditions la caution peut-elle opposer le bénéfice de discussion ?

Il faut : 1° qu'elle propose son exception sur les premières poursuites (art. 2022). Les opinions sont divergentes sur le sens de cette disposition. Que faut il entendre par ces mots : *sur les premières poursuites?* Nous avons dit que les rédacteurs du Code avaient admis la doctrine de Pothier, qui considérait le bénéfice de discussion comme une exception dilatoire, doctrine généralement admise dans l'ancien droit. Est-ce à dire que cette exception doive toujours être proposée *in limine litis* ? Non ; il faut à cet égard user de distinctions. La caution ne sera pas fatalement déchue du bénéfice que la loi lui accorde par cela seul qu'elle aura plaidé au fond. C'est par la nature de la défense qu'elle aura présentée que

(1) Pothier, *Vente*, n° [illegible]; Duranton, t. XVI, n° [illegible].
(2) *Oblig.*, n° 412.

l'on doit juger si elle a ou non encouru cette déchéance. La caution est non recevable à invoquer le bénéfice de discussion quand sa défense au fond implique de sa part une renonciation tacite à cette exception (1). Si, par exemple, étant poursuivie par le créancier, elle a d'abord soutenu que le demandeur réclame plus qu'il ne lui est dû, il est évident qu'elle sera non recevable à venir ensuite opposer l'exception de discussion. Que si, au contraire, la caution commence par nier, soit l'existence de l'obligation principale, soit sa qualité de caution, elle n'a pas perdu le droit d'invoquer ensuite le bénéfice de discussion. Et en effet, comment pourrait-elle, dans ce cas, opposer ce bénéfice avant de défendre au fond? Le bénéfice de discussion ne suppose-t-il pas une caution et aussi une obligation principale? Avant donc de parler d'exception de discussion, il faut bien savoir s'il y a une caution, s'il y a un débiteur principal. Opposer cette exception, c'est reconnaître qu'on est caution, c'est reconnaître qu'il existe une obligation principale; or c'est précisément ce que l'on nie. Imposer au fidéjusseur poursuivi, dans tous les cas, la nécessité d'opposer l'exception de discussion avant de défendre au fond, ce serait, dans nombre de ces cas, lui enlever le bénéfice qu'elle tient de la loi. Le principe que nous adoptons sur ce point délicat, c'est que la caution peut opposer l'exception de discussion tant qu'elle n'a pas tenu une conduite de laquelle on soit en droit d'inférer qu'elle a tacitement renoncé à cette exception (2).

---

(1) Pothier, *Oblig.*, n° 410.

(2) Merlin, *Rép.*, v° *Caution.* — M. Duranton, *Du cautionnement*, n° 335. — Troplong, *Du cautionnement*, n° 250 et suiv. — Dalloz, *Cautionnement*, n° 182.

32. A la règle que l'exception de discussion doit être proposée *in limine litis*, Pothier apporte une exception pour le cas où les biens dont la caution demande la discussion ne sont échus au débiteur que depuis la contestation en cause, par exemple par une succession qui lui serait échue depuis, et il en donne cette raison que « la règle » que les exceptions dilatoires doivent être opposées avant » la contestation en cause ne peut avoir lieu qu'à l'égard » des exceptions déjà nées et non à l'égard de celles qui » ne sont nées que depuis, le défendeur ne pouvant pas » être censé, lorsqu'il a défendu au fond, avoir renoncé » à des exceptions qui ne sont nées que depuis (1). »

« C'est en ce sens, ajoute le savant annotateur de Po- » thier, qu'il faut entendre l'art. 186 du Code de pro- » cédure, qui porte : « Les exceptions dilatoires seront proposées conjointement, et avant toutes défenses au fond. »

Cette importante observation concilie tout. Les exceptions dilatoires doivent être proposées avant toutes défenses au fond, parce qu'il est censé, en défendant au fond, y avoir tacitement renoncé. Si donc on ne peut pas être censé avoir fait cette renonciation tacite, si la défense qu'on aura présentée au fond n'implique pas cette renonciation, la conséquence est forcée : on ne sera pas déchu de l'exception pour ne l'avoir pas opposée dans le temps indiqué par l'art. 186.

Ceci justifie pleinement les idées que nous avons émises tout à l'heure sur le sens et la portée de l'art. 2022, qui

(1) *Oblig.*, n° 410.

veut que la caution requière la discussion *sur les premières poursuites dirigées contre elle.*

33. 2° Il faut que la caution indique les biens à discuter (art. 2023).

Quels biens le créancier est-il obligé de discuter?

Sur ce point, l'idée qui préside aux règles édictées par le législateur, c'est que la discussion ne doit pas être trop difficile, et ne doit pas dégénérer en préjudice pour le créancier. De là les limitations apportées par le 2e al. de l'art. 2023, ainsi conçu : « Elle (la caution) ne doit » indiquer ni les biens du débiteur principal situés hors » de l'arrondissement de la Cour royale du lieu où le » payement doit être fait, ni des biens litigieux, ni ceux » hypothéqués à la dette qui ne sont plus en la posses- » sion du débiteur. »

La loi ne faisant pas de distinction entre les biens meubles et immeubles, nous pensons que le juge doit admettre l'indication faite par la caution des uns comme des autres.

34. Dans quel sens faut-il entendre le mot *litigieux* dans l'art. 2023? Nous pensons qu'il faut l'entendre de la manière déterminée par l'art. 1700.

35. La caution ne peut pas indiquer les biens hypothéqués à la dette qui ne sont plus en la possession du débiteur (art. 2023). A cette disposition se rattachent d'importantes et difficiles questions relativement à la situation respective et aux rapports de la caution et du tiers détenteur. Dans l'opinion de ceux qui pensent que la caution qui a payé est subrogée aux droits du créancier contre le tiers détenteur, la disposition de l'art. 2023 n'est pas sans difficulté. Il ne semble pas rationnel que la caution qui, après avoir payé, pourra agir hypothé-

cairement contre le tiers détenteur, ne puisse pas renvoyer le créancier contre ce tiers détenteur. Celui-ci n'a rien à gagner ; que lui importe, en effet, d'avoir affaire au créancier ou à la caution ?

Au contraire, dans l'opinion de ceux qui n'admettent pas la subrogation de la caution contre le tiers détenteur, la disposition de l'art. 2023 est la conséquence toute naturelle de leur principe ; car le bénéfice de discussion n'étant autre chose qu'un recours anticipé, la caution qui n'a pas de recours contre le tiers détenteur ne doit pas avoir le bénéfice de discussion contre lui.

Quoi qu'il en soit, l'art. 2023 peut s'expliquer par le motif que donnait le tribun Chabot, que ce serait exposer le créancier à des longueurs et à des retards que de le forcer à discuter des biens qui ne seraient plus dans la possession du débiteur, retards et longueurs occasionnés par la procédure de la purge, par exemple. Le motif de l'article serait ainsi tiré de l'intérêt du créancier.

36. Il va sans dire que l'indication des biens doit se faire en une seule fois ; on ne serait pas recevable, après la discussion de ceux qu'on a indiqués, à en indiquer d'autres. Ce serait un moyen trop commode de faire subir au créancier des délais vexatoires. A moins, bien entendu, que ces autres biens ne fussent échus depuis au débiteur.

37. 3° Il faut qu'elle fasse l'avance des frais nécessaires à la discussion. C'est toujours la même idée : il ne faut pas que la discussion devienne une cause de perte pour le créancier ; c'est pourquoi elle doit se faire aux risques et périls du fidéjusseur qui en profite. Cette obligation imposée à la caution prévient les abus qu'elle serait tentée de faire du bénéfice que la loi lui accorde.

Du reste la caution, pour être recevable dans l'exception qu'elle oppose, n'est pas tenue d'offrir tout d'abord d'avancer les frais. Elle n'est en effet obligée à faire cette avance que lorsque le créancier le demande.

Si les parties ne s'entendent pas relativement au montant des avances, c'est le tribunal qui le fixera. C'est également au tribunal à décider, en cas de contestation et suivant les circonstances, si elles doivent être remises au créancier, sous récépissé, ou si elles doivent être consignées (1).

38. La caution a rempli les diverses conditions que nous venons d'indiquer, le créancier renvoyé à discuter les biens du débiteur néglige de procéder à cette discussion, le temps s'écoule, le débiteur devient insolvable. Le créancier est-il tenu de cette insolvabilité, ou doit-elle, au contraire, tomber à la charge de la caution? L'art. 2024 tranche la question en ces termes : « Toutes les fois que la caution a fait l'indication de biens autorisée par l'article précédent, et qu'elle a fourni les deniers suffisants pour la discussion, le créancier est, jusqu'à concurrence des biens indiqués, responsable à l'égard de la caution, de l'insolvabilité du débiteur principal survenue par le défaut de poursuites. »

Cette décision est contraire à celle que donnait Pothier (2). M. Tronchet l'a justifiée par l'idée d'un mandat. Voici ce qu'il disait : « Cependant le créancier, lorsqu'il a reçu l'avance des frais, devient le mandataire de la caution. De là il résulte non qu'elle soit affranchie de

(1) Troplong, nos 274 et 275.
(2) *Oblig.*, n° 414.

plein droit, mais que si son mandataire néglige de remplir son mandat, il doit répondre des suites de son inexactitude; et alors la caution se trouve dégagée envers lui comme créancier, jusqu'à concurrence de ce qu'il a pu recouvrer de la dette. » Cette explication de M. Tronchet est aussi bonne en droit qu'en équité, et cette idée de mandat, qui est parfaitement exacte, lève l'apparence d'antinomie qu'on pourrait voir entre la disposition de l'art. 2024 et celle de l'art. 2039.

Mais il faut bien prendre garde à l'hypothèse de l'art. 2024. Cet article suppose que la caution a été poursuivie et qu'elle a opposé l'exception de discussion à la poursuite dirigée contre elle. Tout autre serait le cas où la caution, avant toutes poursuites dirigées contre elle, aurait indiqué des biens au créancier en lui dénonçant de les faire vendre pour se payer, hypothèse prévue par la L. 62, D., *De fidej.*, à laquelle nous avons déjà renvoyé. La caution ne pouvant contraindre le créancier à agir contre le débiteur, celui-ci ne saurait être responsable de ce qu'il n'a pas obéi à une dénonciation que la caution était sans droit pour lui faire. Ce n'est qu'autant qu'elle est poursuivie que la caution peut invoquer le bénéfice de discussion, et, par suite, faire l'indication de biens à discuter. Jusque-là le créancier est maître de son action.

Du reste, Pothier restreint sa décision aux fidéjusseurs ordinaires. Quant à ceux que les commentateurs ont appelés *fidejussores indemnitatis*, et qui s'obligent seulement *in id quod servari non potuerit*, il reconnaît que le créancier répond vis-à-vis d'eux de sa négligence à poursuivre le débiteur. (V. ci-dessus, n° 24.)

39. Si le créancier n'est pas complétement désinté-

ressé par la discussion qu'il aura faite des biens du débiteur, il reviendra contre la caution avec les procès-verbaux d'adjudication ou de carence et autres pièces constatant l'insuffisance de cette discussion, et la caution devra combler le déficit.

40. Si le cautionnement n'a été donné que pour le capital de la dette et que la somme produite par la discussion ne suffise pas pour couvrir le capital et les intérêts, est-ce sur les intérêts ou sur le capital que cette somme doit être d'abord imputée ? La loi 68, § 1, D., *De fidej.*, décide qu'elle doit être imputée d'abord sur les intérêts. Nous croyons cette décision incontestable. Il est vrai que c'est procéder comme si le fidéjusseur était tenu des intérêts; mais il ne faut pas perdre de vue que le cautionnement est tout dans l'intérêt du créancier, qu'il a pour but de le garantir contre l'insolvabilité totale ou partielle du débiteur. Du moment que le créancier ne demande pas à la caution une somme supérieure au capital qu'elle a cautionné, elle n'a aucune plainte à élever. Il n'y a donc aucune bonne raison de s'écarter ici des règles ordinaires de l'imputation (1).

41. Si le fidéjusseur n'a garanti que la moitié de la dette, si, par exemple, la dette étant de 10,000 fr., il n'a cautionné que 5,000 fr., cette somme devra-t-elle être imputée sur la partie de la dette qui est garantie par la caution ou sur celle qui ne l'est pas ? Un arrêt du parlement de Paris, du 3 août 1709, a statué dans ce dernier sens, sous prétexte que le payement doit s'imputer sur la dette la plus onéreuse et, par conséquent, sur la

(1) Troplong, n° 246. — Ponsot, n° 344, *Cautionnement*.

dette cautionnée. Mais il est évident que c'est faire une application abusive d'une règle d'ailleurs incontestable. Cette question doit être décidée de la même manière que la précédente et par les mêmes raisons (1).

42. Il nous reste un mot à dire relativement au certificateur de la caution. Quelle est la nature de l'engagement du certificateur? Dans l'ancien droit on n'était pas d'accord sur ce point. La diversité d'opinion qui existait à l'égard de la caution elle-même ne pouvait manquer de se manifester en ce qui concernait son certificateur. Actuellement la question paraît résolue par l'art. 2043, ainsi conçu : « Celui qui a simplement cautionné la caution judiciaire ne peut demander la discussion du débiteur principal et de la caution. » Donc, *a contrario*, celui qui a cautionné une caution ordinaire peut demander la discussion du débiteur principal et de la caution. L'obligation du certificateur est donc, comme celle de la caution, une obligation pure et simple, avec bénéfice de discussion. Le certificateur est au créancier et à la caution qu'il a certifiée ce que celle-ci est au créancier et au débiteur principal. Le certificateur est *fidejussor fidejussoris*, la caution joue vis-à-vis de lui le rôle de débiteur principal, elle est *loco debitoris*.

Mais, bien entendu, si nous accordons à la caution de la caution le même bénéfice qu'à la caution elle-même, nous ne l'accordons que dans les mêmes limites et sous les mêmes conditions. Le certificateur qui demande la discussion doit donc indiquer les biens et avancer les frais.

---

(1) Troplong, n° 247.

Le certificateur ayant un droit propre et personnel, à l'exception de discussion, il va de soi que la renonciation que la caution aurait faite au bénéfice de discussion n'aurait pas d'effet à l'égard du certificateur de cette caution.

DEUXIÈME PARTIE.

CHAPITRE PREMIER.

DU BÉNÉFICE DE DIVISION EN DROIT ROMAIN.

43. Relativement au bénéfice de discussion, nous n'avons pas eu à distinguer entre les différentes sortes d'*intercessores*. Il n'en est pas de même en ce qui touche le bénéfice de division. Jusqu'ici nous n'avions guère parlé nommément que des *fidejussores*. Ce que nous avions à dire s'appliquant à tous les *intercessores*, nous avons dû choisir parmi eux le type le plus généralement répandu, le plus usité dans la pratique, pour en faire l'objet de nos observations; mais ici, dans la matière que nous allons traiter, nous ne pouvons pas résumer en une seule les différentes classes d'obligés accessoires, et nous devons spécialiser après avoir généralisé.

44. Dans l'origine les *fidejussores*, non-seulement n'avaient pas cette position prédominante dont nous parlions tout à l'heure, mais ils n'existaient même pas. Ce n'est que par la suite et sous l'influence des besoins et des exigences de la pratique, *usu exigente*, qu'ils s'introduisirent. Ce sont les *sponsores* et les *fidepromissores*

qui ont d'abord été en usage, les *sponsores* étant ceux qui s'obligeaient par la formule civile, exclusivement propre aux citoyens romains, *spondes? Spondeo*, les *fidepromissores* s'obligeant par une formule différente, imaginée afin d'étendre au *peregrini* l'usage de l'adpromission par la formule *fidepromittis? fidepromitto.*

Du reste, cette différence dans les formules n'était accompagnée d'aucune différence dans la situation juridique de ces deux classes d'adpromettants. Les mêmes principes les régissaient.

45. Voyons, en quelques mots, quels étaient ces principes. Nous devons dire d'abord qu'ils ont varié à l'origine; les *sponsores* et les *fidepromittores*, qui accédaient à une même obligation, étaient tenus comme le débiteur principal pour lequel ils étaient intervenus, c'est-à-dire pour le tout. La formule par laquelle ils s'obligeaient avait pour effet d'étendre à eux l'obligation principale : *Idem dari spondes? Spondeo.* Nous n'avons pas besoin de faire remarquer que nous n'étudions les règles qui régissaient ces obligés accessoires qu'au point de vue qui nous occupe en ce moment, c'est-à-dire au point de vue du bénéfice de division. Nous aurons à y revenir à un autre point de vue, quand nous nous occuperons du bénéfice de cession d'actions et du recours que les répondants ont à exercer, soit entre eux, soit contre le débiteur principal.

Ainsi donc, solidarité complète entre les *sponsores* d'une même obligation principale. Chacun est tenu *in solidum* pour le tout, comme le débiteur lui-même; aucune division ne s'opère entre eux. Ce droit ne se maintint pas. Une loi *Furia, De sponsor.*, que l'on conjecture avoir été portée en l'an 95 avant J.-C., applicable à l'Italie seulement, vint le changer et substituer à ces principes rigoureux des règles empreintes de la plus grande faveur pour les *sponsores*. D'après cette loi, l'obligation du *sponsor* et du *fidepromissor* ne durait que deux ans (*biennio liberantur*); et dans le cas où plusieurs *sponsores* avaient accédé à la même stipulation, leur obligation se divisait de plein droit entre tous ceux qui étaient vivants au moment de l'exigibilité (*eo tempore quo pecunia peti potest*), de telle sorte qu'ils ne pouvaient être actionnés que chacun pour sa part virile (1).

46. Ces nouveaux principes établis par la loi *Furia* étaient aussi funestes pour les créanciers qu'ils étaient favorables pour les *sponsores*. On comprend dès lors que le crédit dut en souffrir beaucoup. Cette altération contribua probablement beaucoup à faire introduire et admettre, à côté de ces promettants accessoires que la loi *Furia* protégeait d'une manière si pleine de sollicitude, mais en même temps si exorbitante, une nouvelle espèce d'adpromettants s'obligeant par une autre formule que les premiers, afin d'être en dehors des dispositions dont on voulait éluder l'application (2). Ces nouveaux adpromettants, destinés à rétablir et à favoriser le crédit, ce sont les *fidejussores*, s'engageant par la formule, *idem fide jubes?* ou par

(1) Gaius, *Comment*. 3, § 121.

(2) Ces dispositions de la loi *Furia* ne furent pas, du reste, la seule cause de l'introduction des *fidejussores*. Déjà, avant cette loi, les principes étroits qui présidaient à l'obligation des *sponsores* et des *fidepromissores* avaient fait sentir le besoin d'élargir le cercle étroit dans lequel elle était resserrée. Ainsi le *sponsor* ne pouvait accéder qu'à des obligations verbales; ainsi encore, l'obligation du *sponsor* était personnelle et non transmissible à ses héritiers.

toute autre équivalente, pourvu que ce ne fût pas par celles de la *sponsio* ou de la *fidepromissio* qui devinrent caractéristiques, et permirent de distinguer les nouveaux venus de ceux qui restaient sous l'empire des principes de la loi *Furia*.

47. Les *fidejussores* étaient donc régis par les mêmes règles qui régissaient les *sponsores* et les *fidepromissores* avant la loi *Furia*, du moins en ce qui regarde la solidarité qui présidait à leur obligation.

Cette solidarité, jointe à l'absence de recours du fidéjusseur qui avait payé la totalité de la dette contre ses cofidéjusseurs, était une charge très-lourde pour ces obligés accessoires. Le législateur voulut l'alléger, et c'est dans ce but qu'Adrien introduisit, au profit de ceux qui s'obligent pour autrui, ce qu'on a appelé le bénéfice de division (1).

48. Il importe de se bien rendre compte de ce bénéfice de division introduit par Adrien.

En le comparant avec la loi *Furia*, relative aux *sponsores* et aux *fidepromissores*, on est frappé de deux différences capitales qui existent entre cette loi et le rescrit d'Adrien. La première, c'est que la division avait lieu de plein droit, *ipso jure*, entre les *sponsores* et les *fidepromissores*. A l'égard des *fidejussores*, au contraire, la division n'a pas lieu de plein droit, il faut que le fidéjusseur attaqué la demande (2). La deuxième, c'est que la division s'opérait, d'après la loi *Furia*, entre les *sponsores* et les *fidepromissores* qui étaient vivants au jour

(1) *Inst.*, tit. *De fidej.*, § 4.
(2) L. 26, D. *De fidej.*

de l'exigibilité de la créance, tandis que, d'après le rescrit d'Adrien, la division s'opère entre les *fidejussores* qui sont solvables au moment de la litiscontestation. Jusqu'à ce moment ils répondent de l'insolvabilité les uns des autres, la part de l'insolvable *ad cœterorum onus respicit.*

Ainsi les fidéjusseurs ne sont pas tenus solidairement comme les *correi*, ils ne le sont pas non plus chacun pour partie : ils sont tenus pour le tout, mais avec bénéfice de division. Si donc l'un d'eux a payé toute la dette, il n'a pas payé ce qu'il ne devait pas. Il en serait autrement de l'un des héritiers du même débiteur. L'obligation étant divisée de plein droit entre eux, celui qui paye au delà de sa part paye ce qu'il ne doit pas, et a, par conséquent, la *condictio indebiti.*

La loi 49, § 1, D., *De fidej.*, de Papinien, fait l'application de ces principes. Voici l'espèce proposée par le jurisconsulte : Le fidéjusseur est mort laissant deux héritiers ; l'un d'eux, par erreur, paye toute la dette : il a la *condictio indebiti*, et, par conséquent, son cohéritier reste obligé. Mais il y a plus : alors même que l'héritier qui a payé le tout n'aurait pas la *condictio indebiti*, parce que c'est par erreur de droit qu'il a payé la totalité, son cohéritier n'en resterait pas moins obligé ; et la raison en est que le créancier qui a reçu le tout de celui qui ne lui devait qu'une partie, est tenu, sinon civilement par la *condictio indebiti*, du moins naturellement, de restituer ce qui lui a été payé sans être dû. Étant tenu naturellement à cette restitution, s'il l'a faite, il n'a aucune *condictio* pour revenir sur cet acquittement d'une obligation de conscience. Ainsi le payement de toute la dette par un des cohéritiers, ne libère pas son cohéritier.

même dans le cas où il n'y aurait pas lieu à l'action en répétition de l'indû, parce que ce payement n'est pas régulièrement fait, qu'il laisse le créancier sous le coup d'une obligation naturelle de restituer, et que si ce créancier, se croyant tenu à cette restitution, non pas seulement naturellement, mais même civilement, la faisait effectivement, la libération du cohéritier serait désastreuse pour lui.

Modifiant sa première hypothèse, le jurisconsulte suppose ensuite deux fidéjusseurs, par exemple pour une somme de 20. L'un deux est mort laissant deux héritiers dont l'un paye toute la dette au créancier. Chacun des fidéjusseurs était tenu pour le tout, sauf le bénéfice de division; par conséquent chacun des héritiers du fidéjusseur décédé est tenu pour 10, sauf encore le bénéfice de division (1), car les héritiers d'un fidéjusseur succèdent au droit qu'il avait de demander la division avec ses cofidéjusseurs.—L'un des deux héritiers en question a payé le tout, c'est-à-dire 20; il a la condiction pour 10, cela va sans difficulté. Mais l'a-t-il pour 15 si l'autre fidéjusseur est solvable? Non. Il aurait pu, il est vrai, à l'origine, demander la division avec ce fidéjusseur, en supposant, bien entendu, celui-ci solvable, et, par suite, ne payer que 5; mais, dès qu'il a payé, il ne peut plus revenir contre ce payement, parce qu'il n'a pas été indûment fait, *non est indebitæ quantitatis*.

49. Nous avons dit que la division s'opérait entre tous les fidéjusseurs solvables au moment de la litiscontestation, partant que la part du fidéjusseur devenu in-

(1) L. 27, § 3, D., *De fidej*

solvable avant cette époque tombait à la charge des autres. Il en est autrement si ce fidéjusseur est devenu insolvable après la *litiscontestatio*. Dans ce cas, en effet, son insolvabilité est à la charge du créancier. Telle est la loi applicable à tous, à tel point que si le créancier était mineur, on ne le relèverait pas de l'application du droit commun, par la restitution *in integrum* : « *Non enim deceptus videtur, jure communi usus* (1). »

Ainsi, l'action a-t-elle été divisée entre fidéjusseurs solvables au temps de la *litiscontestatio*, pas de *restitutio in integrum* au profit des mineurs contre les insolvabilités postérieures. Que si, au contraire, l'action a été divisée entre fidéjusseurs qui n'étaient pas solvables au temps de la *litiscontestatio*, on devra lui accorder cette *restitutio : quia hoc casu jure communi non est usus* (2). Quant au créancier, il subissait la conséquence de l'erreur qui avait été commise. La litiscontestation ayant éteint l'obligation primitive du fidéjusseur pour lui substituer l'obligation d'être condamné pour sa part telle qu'elle avait été déterminée à ce moment du procès, tout était définitivement réglé.

50. Pourquoi a-t-on pris le moment de la *litiscontestatio* pour déterminer entre quels fidéjusseurs la division devait avoir lieu? Cette question se rattache à celle de savoir à quel moment l'exception de division devait être proposée. Nous croyons que la solution de ces deux questions résulte clairement des principes du système de procédure alors en vigueur. Il ne faut pas oublier

(1) L. 51, § 4, D., *De fidej.*
(2) L. 52, § 1, D., *De fidej.*

que nous sommes sous l'empire de la procédure formulaire; or on sait comment cette procédure était organisée. Le préteur délivrait aux parties une formule qui déterminait l'objet du procès et les conditions du litige. Le défendeur qui avait quelque exception à faire valoir devait la faire insérer dans la formule. Cette formule une fois arrêtée ne pouvait plus être changée ni modifiée; elle traçait au juge la marche qu'il avait à suivre et posait d'une manière précise les limites dans lesquels il devait renfermer ses pouvoirs. Toute exception devait donc être proposée *in jure* et insérée dans la formule, afin de mettre le juge en position d'en tenir compte et d'en faire la base de son jugement. L'exception de division devant être opposée *litiscontestatæ tempore*, il était naturel et logique d'opérer la division entre les fidéjusseurs qui étaient solvables dans le même temps, et c'était même une conséquence forcée.

Cujas, Vinnius, et Pothier après eux, se fondant sur la loi 10, § 1, C., *De fidej.*, ont pensé que l'exception de division pouvait être opposée même après la *litiscontestatio* et jusqu'au jugement. Ne serait-ce pas une erreur? Si l'exception de division peut être opposée après la *litiscontestatio*, si l'on ne s'arrête pas à ce moment comme étant celui où cette exception doit être proposée, pourquoi s'y arrête-t-on pour déterminer entre quels fidéjusseurs l'action doit être divisée? Vinnius ne voit là aucune difficulté. Bien que l'exception, dit-il, soit proposée après la *litiscontestatio*, l'action n'en peut pas moins être divisée entre ceux qui étaient solvables à ce moment-là, et elle devra l'être, en effet, si le fidéjusseur qui use de cette exception prouve que ses co-fidéjusseurs étaient solvables alors. Cujas, au contraire, sent qu'il y a là quelque chose de choquant; aussi il n'hésite pas à aller plus loin que son devancier, et il admet que la division se fera entre les fidéjusseurs solvables, soit lors de la *litiscontestatio*, soit même après *ante rem judicatam*. Ce système de Cujas a le mérite d'être logique, mais il nous paraît en contradiction flagrante avec le texte des *Institutes* (tit. *De fidej.*, § 4) qui déclare formellement que c'est entre les fidéjusseurs qui sont solvables *litiscontestatæ tempore*, et non après, que l'action doit être divisée. Notre opinion que l'exception de division doit être proposée *in jure* et au moment de la *litiscontestatio* paraît, en outre, trouver un appui solide dans ces mots qui terminent le § 4 des *Institutes* : « Cum potuerit adjuvari ex epistola divi Hadriani et desirare ut pro parte *in se detur actio*. »

Ces mots : *in se detur actio*, qui se retrouvent dans Gaïus (*Inst. comm.* 3, § 122), n'indiquent-ils pas clairement que c'était *in jure* que le fidéjusseur devait proposer son exception, que c'était au préteur qu'il devait demander que l'action fût donnée contre lui pour sa part? Ces mots : *detur actio*, sont, pour ainsi dire, consacrés : ils font allusion à la nature des pouvoirs du préteur opposés à ceux du juge. Le préteur donnait l'action, délivrait la formule; le juge décidait l'affaire.

Quant à la l. 10, § 1, C., *De fidej.* et au mot *condemnationem*, qui est l'unique argument du système que nous combattons, il nous semble qu'il peut très-bien s'expliquer dans notre système. Ce mot ferait allusion à la rédaction de la formule et aux différentes parties dont elle était composée. On sait que la *condemnatio* était l'une de ces parties. Cette expression, employée par la l. 10, signifierait donc que le fidéjusseur devait opposer l'exception avant que la formule eût été arrêtée dans la dernière de ses parties, qui était la *condemnatio*, en d'autres termes, avant la clôture de l'instance *in jure* devant le préteur.

51. Il n'était pas toujours besoin d'insérer dans la formule l'exception de division, *si non et illi solvendo sint*. Voici, en effet, comment on procédait : Le fidéjusseur actionné pour le tout par le créancier demande, *in jure*, que l'action soit donnée entre ses fidéjusseurs solvables et lui. Si, sur cette réclamation, le demandeur consent à la division de son action, pas de difficulté : l'action ne sera donnée que pour la part du fidéjusseur actionné, il n'y a pas d'exception à insérer dans la formule. Si, au contraire, le demandeur persiste à vouloir l'action *in solidum* en prétendant que les autres fidéjusseurs sont insolvables, le préteur insérera dans la formule l'exception *si non et illi solvendo sint* (1), et alors voici comment les choses se passeront : Le juge examinera la question soulevée par le défendeur. S'il la résout en sa faveur, s'il juge que l'exception est fondée, la conséquence est forcée : le défendeur sera absous, et le demandeur sera déchu de son action (*causa cadebat*). Si, au contraire, le juge ne trouve pas l'exception justifiée, il condamnera le défendeur pour le tout.

En résumé, nous rangeons l'exception en discussion parmi les exceptions dilatoires. Elle était dilatoire en ce sens que le demandeur pouvait l'éviter en consentant à diviser son action entre les fidéjusseurs solvables, *litis-contestatæ tempore*.

52. Nous avons vu que le fidéjusseur actionné répon-

---

(1) L. 28. D., *De fidej*

dait de l'insolvabilité de ses corépondants, du moins jusqu'à un certain moment. Mais répond-t-il également de leur incapacité? Cette question est résolue par Papinien dans la l. 48, D., *De fidej.* Ce jurisconsulte fait une distinction entre la femme et le mineur de vingt-cinq ans.

Il suppose d'abord que Titius et Seia se sont portés fidéjusseurs pour Mævius, et il se demande si la nullité de l'engagement de Seia ayant été reconnue, on donnera l'action *in solidum* contre Titius. A quoi il répond affirmativement, parce que Titius n'a pas dû ignorer que la femme ne pouvait pas s'obliger pour autrui.

Il passe ensuite au mineur de vingt-cinq ans. Voici deux fidéjusseurs : l'un majeur, l'autre mineur. Celui-ci obtient la *restitutio* à cause de son âge; le fidéjusseur majeur doit-il supporter à lui seul tout le fardeau de la dette? Oui, répond Papinien, si le mineur est intervenu postérieurement à la promesse du majeur; non, si les deux fidéjusseurs se sont obligés en même temps, et la raison qu'il en donne est celle-ci : « *Propter incertum ætatis ac restitutionis.* » Telle est la décision de Papinien. Quelle que soit l'autorité de ce grand jurisconsulte, nous croyons cette décision contraire au but de la fidéjussion et à l'intention des parties, et en conséquence, nous ne la transporterons pas dans notre droit français.

53. L'action, avons-nous dit, doit être divisée entre les fidéjusseurs solvables *litis contestatæ tempore.* Mais cela doit s'entendre des fidéjusseurs principaux. Le fidéjusseur actionné ne pourrait pas demander que l'action fût divisée entre lui et son propre fidéjusseur, car le fidéjusseur *principalis* est un débiteur principal, *loco rei est*, vis-à-vis du *fidejussor fidejussoris*, et il va sans

dire que le débiteur principal ne peut pas demander la division de l'obligation entre lui et son fidéjusseur (1).

54. Cela doit s'entendre également des fidéjusseurs du même débiteur. Ainsi, après avoir stipulé une somme de Titius et reçu un fidéjusseur, il stipule la même somme d'un autre et reçoit un autre fidéjusseur : ce ne sont pas des cofidéjusseurs, *quia diversarum stipulationum sunt* (2). De même, si deux débiteurs solidaires ont donné chacun séparément des fidéjusseurs, le créancier n'est pas forcé de diviser son action entre tous ces fidéjusseurs, mais seulement entre ceux qui ont répondu pour le même débiteur (3).

55. Soient plusieurs fidéjusseurs, l'un s'est engagé *pure*, l'autre *in diem, vel sub conditionem*. Le créancier demande son payement au fidéjusseur qui a promis *pure*, celui-ci peut-il demander la division ? Ulpien rapporte la décision de Pomponius sur ce point : on devra accorder la division ; provisoirement l'action sera donnée contre le fidéjusseur pour sa part. Mais si, à l'arrivée du terme ou de la condition, l'autre fidéjusseur se trouve insolvable, il faudra restituer le créancier dans son action contre le fidéjusseur engagé *pure* (4).

56. Le fidéjusseur qui avait nié la fidéjussion était privé du bénéfice de division (5).

57. Ce qui a été dit des fidéjusseurs principaux est également vrai des *fidejussores fidejussoris*. Si donc l'un

---

(1) L. 27, § 4, D., *De fidej.*
(2) L. 43, D., *De fidej.*
(3) L. 51, § 2, D., *De fidej.*
(4) L. 27, D., *De fidej.*
(5) L. 10, § 1, D., *De fidej.*

des fidéjusseurs principaux a donné à son tour des fidéjusseurs, ces fidéjusseurs peuvent demander la division : 1° entre eux, 2° entre eux et les cofidéjusseurs du fidéjusseur principal pour lequel ils se sont obligés (1).

58. Il reste une question qui est posée et résolue par Papinien dans la loi 51, § 1. Soient deux fidéjusseurs: l'un d'eux a d'abord payé une partie de la dette ; ensuite, actionné pour le restant, il demande la division. Sur quoi doit porter la division, sur la somme totale ou sur ce qui reste dû? Papinien décide que le fidéjusseur doit payer la moitié de ce qui reste dû, sans rien imputer de ce qu'il a déjà payé, « *eam enim quantitatem inter eos convenit dividi quam litis tempore debent.* » Mais cette décision de Papinien a été rejetée comme trop rigoureuse : « *sed humanius est*, etc. (2). »

59. Transition. — Le bénéfice de division passa, comme celui de discussion, du droit romain dans notre ancienne jurisprudence. Ce que nous avons dit de la fréquence des renonciations au bénéfice de discussion peut s'appliquer également au bénéfice de division.

60. On agita la question de savoir à quel moment cette exception devait être proposée. Un certain nombre d'anciens docteurs soutinrent qu'elle devait être opposée avant la contestation en cause ; mais ce sentiment ne fut pas généralement suivi. Vinnius, Cujas, et en dernier lieu Pothier, firent prévaloir l'opinion que le bénéfice de division était une exception péremptoire qui pouvait être opposée en tout état de cause, même en appel.

(1) L. 27, § 1, et § 4, D., *De fidej.*
(2) L. 51, § 1, D., *De fidej.*

Quelques docteurs étaient allés plus loin, et avaient décidé que l'exception de division pouvait être opposée même après le jugement de condamnation, à l'exemple de l'exception *cedendarum actionum* et des exceptions des sénatus-consultes Macédonien et Velléien. Mais cette opinion extrême n'eut pas de succès. On (1) a fort bien fait remarquer, à l'égard de l'exception *cedendarum actionum*, que cette exception « n'attaque pas la sentence, ni le droit acquis par cette sentence au créancier, au lieu que l'exception de division, si on la proposait après le jugement de condamnation, attaquerait ce jugement, et le droit acquis par ce jugement au créancier, puisqu'elle tend à restreindre à une portion le droit qui est acquis au créancier par ce jugement d'exiger le total de la dette de la caution qui a été condamnée envers lui; »

Et à l'égard des exceptions des sénatus Macédonien et Velléien, que ces exceptions sont de droit exceptionnel, qu'elles reposent sur des motifs d'ordre public.

Les rédacteurs du Code ont adopté la doctrine généralement admise dans l'ancien droit sur la nature de l'exception de division. On peut dire aujourd'hui que l'exception de division est une véritable défense au fond, pouvant être par conséquent opposée en tout état de cause, même en appel.

---

(1) Pothier, *Oblig.*, n° 425.

CHAPITRE II.

DU BÉNÉFICE DE DIVISION DANS NOTRE DROIT FRANÇAIS ACTUEL.

61. L'art. 2025 est ainsi conçu : « Lorsque plusieurs » personnes se sont rendues cautions d'un même débiteur » pour une même dette, elles sont obligées chacune à » toute la dette. » Cet article est la traduction exacte du § 4 du Just. « *Si plures sint fidejussores, quotquot erunt numero singuli in solidum tenentur.* »

Cette disposition de l'art. 2025 ne laissa pas de souffrir quelque difficulté dans le sein du tribunal : il y eut deux camps, l'un voulant l'adoption de l'art. 25, l'autre voulant l'application aux cautions du principe général posé dans l'art. 1202. Un partage de voix donna gain de cause au système du droit romain, système universellement adopté par l'ancienne doctrine. Pothier donne la raison de la différence qui doit ainsi être faite entre plusieurs cautions et plusieurs débiteurs principaux, lesquels ne sont censés s'obliger que chacun pour leur part, à moins que la solidarité n'ait été exprimée : « La raison de cette différence, dit-il, est qu'il est de la nature du cautionnement de s'obliger à tout ce que doit le débiteur principal, et par conséquent chacun de ceux qui le cautionnent est censé contracter cet engagement, à moins qu'il ne déclare expressément qu'il ne s'oblige que pour partie (1). »

(1) Pothier, *Oblig.*, n° 415.

62. Les cofidéjusseurs sont donc tenus chacun pour le tout. Tel est le principe; mais le Code, à l'exemple du droit romain et de notre ancienne jurisprudence, en a tempéré la rigueur au moyen du bénéfice de division. L'art. 2026 porte : « Néanmoins chacune d'elles peut, à moins qu'elle n'ait renoncé au bénéfice de division, exiger que le créancier divise préalablement son action et la réduise à la part et portion de chaque caution. Lorsque dans le temps où une des cautions a fait prononcer la division, il y en avait d'insolvables, cette caution est tenue proportionnellement de ces insolvabilités; mais elle ne peut plus être recherchée à raison des insolvabilités survenues depuis la division. »

Ainsi les cautions sont tenues pour le tout, *in solidum* (art. 2025), mais elles peuvent échapper à cette obligation *in solidum*, en invoquant le bénéfice de division.

63. Cela posé, une première question se présente. L'art. 2025 déclarant que les cautions sont tenues pour le tout, doit-on les considérer comme des débiteurs solidaires dans le sens de l'art. 1200, en telle sorte qu'il faille leur appliquer les dispositions des art. 1205, 1206, 1207 sur les effets qu'entraîne la véritable solidarité, spécialement l'art. 1206 qui décide que « les poursuites faites contre l'un des débiteurs solidaires interrompent la prescription à l'égard de tous? » M. Troplong est de cet avis (1). Il considère les cofidéjusseurs comme des débiteurs solidaires, et en conséquence il leur applique sans difficulté les art. 1206 et 2249.

Nous ne pouvons pas partager ce sentiment. Selon

(1) *Cautionnement*, n° 290.

nous, autre chose est d'être tenu *in solidum* ou d'être tenu solidairement avec les effets légaux de la solidarité. L'art. 1200 qui définit la solidarité une obligation telle que chacun puisse être contraint à la totalité, ne saurait nous être opposé; car cet article, pris à la lettre, conduirait à des conséquences impossibles. Ainsi il faudrait dire que ceux qui ont contracté conjointement l'obligation d'une chose indivisible sont des débiteurs solidaires (art. 1222), et pourtant l'art. 1222 lui-même distingue parfaitement l'obligation indivisible de l'obligation solidaire.

L'art. 1200 écarté, l'art. 1202 tranche la question. Le législateur, comprenant tout ce que les effets de la solidarité, tels qu'ils sont formulés dans les art. 1205, 1206, 1207, avaient de grave et d'exorbitant, a déclaré (art. 1202) que la solidarité ne se présume pas, qu'il faut qu'elle soit expressément stipulée. Là où la solidarité n'a pas été exprimée par les parties ou par la loi, nous pensons qu'elle ne saurait exister. L'art. 2025 se contente de dire que les cautions sont obligées chacune à toute la dette; la loi ne parle pas de solidarité; la suppléer, ce serait la violer (1).

64. Si la caution a simplement déclaré renoncer au bénéfice de division, nous appliquerons les mêmes principes. L'art. 1202 est toujours là; la solidarité ne se présume pas, il faut qu'elle ait été stipulée. Or, dans l'espèce, elle ne la pas été; les parties ont renoncé au bénéfice de l'art. 2026 pour s'en tenir au droit établi par l'art. 2025. C'est donc l'art. 2025 qui doit être appliqué, et non les principes de la solidarité.

(1) Delvincourt, t. III, p. 258. — Zachariæ, t. III, p. 160.

65. Il en serait autrement si la caution avait déclaré s'obliger solidairement. Nous décidons plus loin que cette clause vaut renonciation au bénéfice de division. Dans ce cas, nous dirons que les effets d'un tel engagement se règlent par les principes établis pour les dettes solidaires, et qu'il faudra faire à la caution l'application des art. 1205, 1206 et 1207. La solidarité a été stipulée, la prescription de l'art. 1202 est remplie ; il ne reste donc qu'à appliquer la loi.

66. Quelles sont les cautions qui ne peuvent pas opposer l'exception de division? Toute caution peut, *à moins qu'elle n'y ait renoncé*, opposer le bénéfice de division (art. 2026) ; ce qui doit s'entendre d'une renonciation expresse ou tacite.

67. Les cautions qui, dans l'acte de cautionnement, se sont obligées *solidairement et comme débiteurs principaux*, sont-elles censées avoir renoncé à l'exception de division? Cela ne peut pas faire de doute (1). Mais *quid*, si elles ont simplement déclaré s'obliger *solidairement*? La loi 3, au Code, *De fidej.*, décide cette question, et elle la décide en ce sens que cette clause : *ut singuli in solidum tenentur*, ajoutée à un cautionnement, ne renferme pas une renonciation au bénéfice de division, par la raison que l'absence de cette clause n'empêcherait pas que la caution fût tenue *in solidum*. Nous ne comprenons ni cette décision ni la raison sur laquelle elle s'appuie : la question n'aurait dû en être une en aucun temps; dans tous les cas elle ne peut pas en être une aujourd'hui, en présence de l'excellente règle de l'art. 1157, portant

(1) Pothier, *Oblig.*, n° 416.

qu'une clause doit être entendue dans le sens avec lequel elle peut avoir quelque effet plutôt que dans celui avec lequel elle n'en pourrait produire aucun (1).

68. Mais remarquons que si la clause par laquelle la caution s'engage solidairement emporte renonciation au bénéfice de division, elle n'emporte pas également renonciation au bénéfice de discussion. L'art. 2021 dit, en effet, que la caution peut invoquer le bénéfice de discussion, à moins qu'elle ne se soit obligée *solidairement avec le débiteur*. Or ces deux formules ne doivent pas être confondues. Les cautions qui s'engagent solidairement entre elles ne s'engagent pas solidairement avec le débiteur principal, vis-à-vis duquel elles conservent leur situation de droit commun. La renonciation au bénéfice de division n'a trait qu'aux relations des cautions entre elles, elle raffermit l'obligation *in solidum* dont elles sont tenues, mais elle ne change rien aux rapports qui existent entre les cautions et le débiteur principal. Les renonciations aux exceptions de discussion et de division sont donc aussi distinctes que ces exceptions elles-mêmes.

69. L'obligation du donneur d'aval étant solidaire (art. 142 C. com.), il est privé du bénéfice de division comme il l'est du bénéfice de discussion.

70. Quand les fidéjusseurs se sont obligés, *ex post intervallo*, les derniers peuvent bien demander la division avec les premiers, mais la réciproque est-elle vraie? La raison de douter est que la caution qui s'est obligée la première n'a pas pu compter sur l'intervention de celle

(1) Troplong, *Cautionnement*, n° 301.

qui s'est obligée après elle; la raison de décider est que l'art. 2025 est conçu en termes absolus : « Lorsque plusieurs personnes se sont rendues cautions d'un même débiteur pour une même dette, etc. »

71. La loi 10, § 1, D., *De fidej.*, refuse le bénéfice de division au fidéjusseur qui a nié de mauvaise foi le cautionnement : « *inficiantibus auxilium divisionis non est indulgendum.* » Cette disposition pénale, admise dans notre ancien droit (1), n'a pas été reproduite par le Code.

72. L'art. 2042 ne prive les cautions judiciaires que du bénéfice de discussion ; elles ont donc le bénéfice de division. Il en était autrement dans l'ancienne jurisprudence (2).

73. Entre quelles cautions s'opère la division ?

Pour que la division ait lieu, il faut que ceux avec qui le fidéjusseur demande la division se soient rendus cautions des mêmes débiteurs pour la même dette.

Ainsi, pas de division quand après avoir stipulé une somme de Pierre et avoir reçu une caution, je stipule la même somme de Paul et reçois une autre caution. Ce sont deux dettes distinctes; il n'y a, par conséquent, aucun lien entre les cautions qui les ont garanties (3). Pas de division non plus si deux débiteurs solidaires ont donné chacun séparément une caution. La caution de l'un ne peut pas demander la division avec la caution de l'autre; car, bien qu'elles soient cautions d'une même dette, elles ne sont pas cautions d'un même débiteur (4) (V. n° 54).

(1) Pothier, n° 416.
(2) Pothier, n° 416.
(3) L. 43, D., *De fidej.*
(4) L. 51, § 2, D., *De fidej.*

74. Le fidéjusseur ne peut demander la division qu'entre lui et les autres fidéjusseurs qui sont également fidéjusseurs principaux. Il ne pourrait pas demander la division entre lui et son certificateur (1), parce que le fidéjusseur est à l'égard de son certificateur dans la position d'un débiteur principal vis-à-vis de son fidéjusseur. Or il va de soi que le débiteur principal ne pourrait pas demander la division entre lui et son fidéjusseur (V. n° 55).

Le certificateur participe au même bénéfice que la caution elle-même ; il peut donc demander la division : 1° entre lui et ses cocertificateurs ; 2° entre lui et les cofidéjusseurs de la caution qu'il a certifiée (2) ; mais, bien entendu, il ne peut pas demander la division entre lui et le fidéjusseur principal pour lequel il s'est obligé, de même que ce fidéjusseur lui-même ne pourrait pas la demander entre lui et le débiteur principal (V. ci-dessus, 57).

75. Si deux cautions se sont obligées l'une purement et l'autre à terme ou sous condition, la division n'en devra pas moins être accordée, pourvu, bien entendu, que la caution obligée à terme soit solvable quant à présent. Seulement si, à l'arrivée du terme ou de la condition, cette caution se trouve insolvable ou si la condition vient à défaillir, le créancier pourra revenir contre la première (3).

76. La division n'a lieu qu'entre les cofidéjusseurs solvables ; c'est une conséquence du principe de l'art. 2025.

---

(1) L. 27, § 4, D., *De fidej.*
(2) L. 27, §§ 1 et 4, D., *De fidej.*
(3) L. 27, D., *De fidej.*

Les cofidéjusseurs ne sont pas tenus chacun pour partie, ils sont tenus chacun pour le tout, avec bénéfice de division. Inutile de répéter ici ce que nous avons dit précédemment relativement à la différence qui existe entre le bénéfice de division accordé aux cautions et la division de plein droit qui a lieu entre débiteurs conjoints ou entre cohéritiers du même débiteur (V. n° 48).

Le fidéjusseur est censé solvable quand, ne l'étant pas par lui-même, il l'est par son certificateur (1).

77. A quel moment doit s'apprécier la solvabilité de la caution? En droit romain, c'était à l'époque de la *litiscontestatio.*

Dans notre ancien droit, c'était également lors de la contestation en cause que la caution devait être solvable (2).

L'art. 2026, deuxième alinéa, s'écarte sur ce point du droit romain et de l'ancien droit; le moment qu'il indique comme étant celui auquel la caution doit être solvable, c'est le *temps où la division a été prononcée.* Doit-on s'en tenir à la lettre de cet article, ou ne doit-on pas plutôt le corriger en remplaçant le mot *prononcée* par le mot *demandée ?*

Les avis sont partagés sur ce point. Ceux qui veulent corriger la loi invoquent les principes : la caution, disent-ils, doit obtenir ce qu'elle obtiendrait s'il était immédiatement fait droit à sa demande. Les jugements, quand ils sont déclaratifs de droit, ont un effet rétroactif au jour de la demande; elle ne doit pas souffrir de l'injuste résistance du créancier.

---

(1) L. 27, § 2, D., *De fidej.*
(2) Pothier, *Oblig.*, n° 420.

Ceux qui s'en tiennent à la rédaction de l'art. 2026 répondent qu'il n'est pas permis de corriger la loi; qu'on ne peut pas supposer que le législateur ait employé par inadvertance l'expression que l'on veut changer. Il ne faut pas perdre de vue que le bénéfice de division est une faveur, et qu'il est libre au législateur d'étendre ou de restreindre à son gré les prérogatives qu'il accorde.

Ces deux opinions s'appuyant l'une et l'autre sur des arguments très-solides, nous avouons être embarrassé pour choisir. Cependant, s'il fallait absolument opter, nous inclinerions pour le premier système. Nous aimons mieux croire que le rédacteur de l'art. 2026 n'a pas réfléchi qu'il pouvait s'écouler entre la demande et le jugement de division un temps assez long pour mettre la caution en danger, que de supposer qu'il a voulu faire souffrir la caution de l'injuste résistance que le créancier a opposée à l'exercice de son droit.

78. Ainsi, c'est entre les cofidéjusseurs solvables au temps de la demande en division que cette division devra s'opérer. Jusqu'à cette époque, s'il y a des insolvables, la caution poursuivie sera tenue proportionnellement de ces insolvabilités. C'est, au contraire, sur le créancier que retomberont les insolvabilités survenues depuis la division; c'était à lui à faire ses diligences pour prévenir ces insolvabilités. L'exception de division étant péremptoire, a pour effet de restreindre à la part de la caution la demande formée contre elle; elle *périme* entièrement l'action du créancier pour la part des cofidéjusseurs avec lesquelles la division a été prononcée. Le créancier ne peut donc plus, sous aucun prétexte, revenir contre la caution qui a obtenu contre lui un jugement de division.

Que s'il n'y a pas eu de jugement de division, si le créancier, sur la déclaration de la caution qu'elle entend se prévaloir du bénéfice que la loi lui accorde, consent bénévolement, amiablement, à diviser sa poursuite et à s'adresser aux autres cautions pour leur part, il va de soi que si ces autres cautions se trouvent être insolvables, le créancier pourra revenir contre la caution qui lui a opposé son bénéfice de division. Dans ce cas rien n'a été jugé relativement à la solvabililé des cofidéjusseurs de la caution poursuivie; ce qu'il y a eu, c'est une convention amiable entre le créancier et la caution, convention par laquelle le créancier a consenti à accéder à la demande que lui a faite la caution de restreindre son action à sa part et de réclamer les autres parts aux cofidéjusseurs qui les devaient, sauf à réintenter son action contre elle si ses cofidéjusseurs étaient reconnus insolvables.

79. Est-ce au créancier ou à la caution poursuivie à prouver l'insolvabilité ou la solvabilité des autres cautions ?

Il nous semble que c'est à la caution. Le créancier, en l'actionnant pour le total de la dette, procède légalement, il ne fait qu'exercer son droit. La caution ne peut combattre sa prétention qu'au moyen d'une exception. La règle *reus in excipiendo fit actor* doit donc recevoir ici son application.

80. Si l'un des cofidéjusseurs était incapable, si c'était un mineur, un interdit, une femme mariée, le fidéjusseur solvable devrait-il supporter le total de la dette, comme dans le cas d'insolvabilité?

Papinien, dans la loi 48, pr. et § 1, D., *De fidej.*, fait à cet égard une double distinction. Il distingue d'abord si c'est une femme ou un mineur qui s'est porté fidéjusseur. Si c'est une femme, son engagement est radicalement nul, d'après le sénatus-consulte Velléien; par conséquent le fidéjusseur est tenu comme s'il était seul fidéjusseur.

Si c'est un mineur, Papinien distingue deux cas : ou le mineur s'est obligé en même temps que le majeur, ou il n'est intervenu qu'après.

Dans le premier cas, l'obligation se divise, *propter incertum ætatis et restitutionis;* dans le deuxième cas, au contraire, le fidéjusseur capable est tenu pour le tout, parce qu'il n'a pas pu compter sur l'engagement du mineur.

Nous avons déjà annoncé (V. n° 52) que nous ne pouvions accepter cette théorie du célèbre jurisconsulte romain, parce qu'elle nous paraît méconnaître le but du cautionnement et l'intention évidente des parties. Le créancier qui a accepté le cautionnement d'un mineur a montré qu'il ne voulait pas se charger du risque de la restitution en exigeant une autre caution capable qui pût répondre pour le tout en cas de besoin. Il a cherché ses sûretés contre la restitution, et ce serait le tromper dans son attente la plus légitime que de mettre l'incapacité de la caution à sa charge. Qu'on ne dise pas que le fidéjusseur majeur a compté sur l'obligation du mineur, car il a pu prévoir la restitution de son cofidéjusseur comme il a pu prévoir son insolvabilité. Il n'y a pas plus de raison pour accorder la division de la dette avec le fidéjusseur qui a fait annuler son cautionnement, qu'il n'y en a pour l'accorder avec celui qui est devenu insolvable. La caution doit donc répondre de l'incapacité de son cofidéjusseur comme elle répond de son insolvabilité.

81. Nous avons supposé que la caution incapable avait déjà fait prononcer la nullité de son engagement ou avait formé une demande tendant à la faire prononcer. Que si cela n'était pas, si l'incapable voulait rester fidèle à son engagement, nous pensons que la caution capable pourrait faire diviser l'action, sauf à ce créancier à revenir contre elle, si la caution incapable, se ravisant, demandait ensuite la nullité de son engagement.

82. Quand l'exception de division doit-elle être opposée? Nous avons démontré que, en droit romain, l'exception de division devait être opposée *litiscontestatæ tempore.* Nous avons dit aussi qu'il en était autrement dans notre ancienne jurisprudence; que, malgré d'anciennes controverses, on avait admis, sur l'autorité de Vinnius, de Cujas, et en dernier lieu de Pothier, que l'exception de division, à la différence de celle de discussion, pouvait être opposée en tout état de cause, même en appel, par la raison que cette exception était péremptoire et non pas seulement dilatoire.

Nous croyons que les rédacteurs du Code ont adopté cette doctrine de l'ancien droit. Il y a des personnes, il est vrai, qui cherchent à élever des doutes sur ce point, à raison de la manière équivoque dont est conçu l'art. 2026, 1er alinéa, qui dit que « la caution peut exiger que le créancier divise préalablement son action. » Mais qu'on remarque la place de ce mot *préalablement!* Pour qu'il pût avoir la signification qu'on lui suppose, il faudrait qu'il fût placé immédiatement après le mot *exiger.* Mais à la place qu'il occupe, il ne saurait donner matière à l'argument qu'on prétend en tirer.

83. L'exception de division est un bénéfice purement passif. Une caution ne serait donc pas admise à prévenir les poursuites du créancier en lui offrant sa part dans la dette. M. Chabot s'exprimait ainsi : « La division ne peut être demandée qu'après que l'action a été formée par le créancier, et jusqu'à ce qu'elle soit demandée, toutes les cautions restent responsables des insolvabilités de chacune d'elles. » Ces dernières paroles montrent l'intérêt du créancier à ce qu'une telle initiative ne soit pas prise par la caution.

L'exception de division étant une faveur que la loi accorde à la caution, il faut qu'elle la demande ; le juge ne saurait la suppléer d'office.

84. Jusqu'ici nous avons raisonné dans l'hypothèse où le créancier ayant formé contre la caution une demande pour le tout, celle-ci lui a opposé l'exception de division. Mais les choses peuvent ne pas se passer ainsi ; il y a une autre hypothèse qui se présente et qui est prévue par l'art. 2027 : c'est celle où le créancier a divisé lui-même et volontairement son action. Dans ce cas, ajoute cet article, « il ne peut revenir contre cette division, quoiqu'il y eût, même antérieurement au temps où il l'a ainsi consentie, des cautions insolvables. »

Ainsi le créancier qui divise volontairement son action sans faire aucunes réserves, prend à sa charge les insolvabilités existantes. Il y a donc une différence bien marquée entre la division consentie par le créancier et la division obtenue en justice. Et ce que l'art. 2027 dit de l'insolvabilité, nous le dirons également de l'incapacité. Si donc l'une des cautions est incapable et que le créancier ait consenti à la division de son action sans aucune réserve, il ne pourra revenir contre cette division, dans le cas où la caution incapable se ferait restituer contre son engagement (1).

85. Mais quand le créancier est-il censé renoncer ainsi à l'obligation *in solidum* qui lie les cofidéjusseurs envers lui?

Il nous semble qu'il faut appliquer ici les principes contenus dans l'art. 1211. Le créancier est censé opérer cette renonciation quand il reçoit divisément la part de l'une des cautions sans faire de réserves, et qu'il lui en donne quittance en spécifiant que c'est pour sa part.

Quant à la demande formée contre l'un des cofidéjusseurs *pour sa part*, nous dirons, avec le même art. 1211, que le créancier n'est censé renoncer à ses droits qu'autant que la caution a acquiescé à cette demande ou qu'il est intervenu un jugement de condamnation. Jusqu'à cet acquiescement ou cette condamnation, il n'y a qu'une offre qui ne lie personne.

Cette application de l'art. 1211 à la matière qui nous occupe n'est admise par certaines personnes (2) que dans le cas où les cautions se sont obligées solidairement, parce que, dans ce cas, leur engagement est régi par les principes sur les obligations solidaires. Mais si elles se sont simplement obligées dans les termes des art. 2025 et 2026 qui forment pour elles le droit commun, ces personnes se tiennent à la lettre de l'art. 2027 qui n'exige rien autre chose, sinon que le créancier ait *divisé son action*. On cite dans ce sens la loi 16, au Code,

(1) Pothier, n° 424.
(2) Duranton, n° 317.

De fidej., et Pothier, qui semble en effet prêter appui à cette opinion (1).

Malgré ces autorités, nous persistons à faire aux cautions l'application d'une disposition qui n'est elle-même que l'application d'un principe général, à savoir, qu'une offre ne lie la partie qui l'a faite que lorsqu'il y a eu acquiescement de la part de l'autre ou qu'il est intervenu un jugement de condamnation.

86. Au surplus, cette division volontaire ne doit avoir effet qu'à l'égard de la caution avec laquelle le créancier l'a consentie (art. 1210) ; celui-ci conserve ses droits contre les autres ; il pourra donc les poursuivre pour le tout sous la déduction de la part de la caution qu'il a déchargée. Si parmi les cautions non déchargées il y en avait d'insolvables, la perte résultant de leur insolvabilité se répartirait entre elles et le créancier qui est à la place de la caution qu'il a déchargée (arg. de l'art. 1215).

---

(1) Pothier, nos 420 et 425. — Troplong, no 320. — Ponsot, no 126. — Zachariæ, t. III, p. 161.

TROISIÈME PARTIE.

CHAPITRE PREMIER.

DU BÉNÉFICE DE CESSION D'ACTIONS EN DROIT ROMAIN.

87. C'est le bénéfice de cession d'actions du droit romain qui est l'origine du bénéfice de subrogation de notre droit français. Pour comprendre l'utilité du bénéfice de cession d'actions, il est nécessaire de voir comment les choses se passaient, abstraction faite de ce bénéfice. Or il faut, à cet égard, distinguer entre les différentes classes d'*adpromissores*, entre les *sponsores* et les *fidepromissores* d'une part, et les *fidejussores* de l'autre.

88. Voici quels étaient les rapports des premiers avec le débiteur principal d'abord, et entre eux ensuite. A l'égard du débiteur principal, ils étaient des mandataires ou des gérants d'affaires, suivant qu'ils s'étaient obligés au su ou à l'insu du débiteur. Ils avaient, en conséquence, l'action *mandati* ou *negotiorum gestorum*, pour se faire rembourser ce qu'ils avaient payé au créancier. Le *sponsor* avait, en outre, dans le même but, une action particulière, qui lui était spécialement attribuée

par la loi *Publilia*, l'action *depensi* emportant condamnation au double, en cas de dénégation (*adversus inficiantem*).

Entre eux, il existait, en vertu de la loi *Apuleia*, portée vers l'an 102 avant J.-C., et applicable même hors de l'Italie, une sorte de société, en sorte que celui qui avait payé la totalité de la dette pouvait recourir contre les autres pour leur part et portion, par l'action *pro socio* (1). Mais, après la loi *Furia*, ce recours n'eut plus de raison d'être en Italie, puisqu'en vertu de cette loi l'obligation était divisée de plein droit entre les *sponsores* et les *fidepromissores;* mais il continua d'exister dans les provinces (2).

89. En ce qui concerne les *fidejussores*, leurs rapports avec le débiteur principal étaient ceux que nous venons d'indiquer pour les *sponsores* et les *fidepromissores*. Entre eux, la loi *Apuleia* n'ayant été faite que pour les *sponsores* et les *fidepromissores*, il n'existait aucun lien, aucune société, à moins de convention spéciale, bien entendu. Celui qui avait payé la totalité n'avait donc aucun recours contre ses cofidéjusseurs (3).

90. Comme on le voit, la position des *fidejussores* était très-dure. Chacun d'eux était exposé à supporter seul le fardeau de l'insolvabilité du débiteur (4). Nous avons vu comment cette position fut améliorée par l'introduction du bénéfice de division ; elle le fut également par l'introduction du bénéfice de cession d'actions. Le

---

(1) Gaïus, *Comm.* 3, § 122.
(2) Gaïus, *Comm.* 3, § 122.
(3) L. 39, D., *De fidej.*; L. 11, C., *De fidej*
(4) Gaïus, *Comm.* 3, § 112.

fidéjusseur qui paye au créancier la totalité de la dette, a le droit d'exiger de lui la cession de ses actions contre le débiteur principal et les autres fidéjusseurs : « *Fidejussoribus succurri solet, ut stipulator compellatur ei qui solidum solvere paratus est, vendere cœterorum nomina* (1). »

Mais, remarquons-le, ce n'était pas une véritable cession qui s'opérait (2). Le fidéjusseur qui se faisait céder les actions ne voulait pas spéculer, il n'avait d'autre but que de sauvegarder ses intérêts. Ce n'était pas non plus un payement pur et simple, éteignant la créance avec ses garanties; c'était une opération juridique d'une nature particulière, dont les effets se justifiaient au moyen d'une fiction. Cette fiction est expliquée par Paul (3) sous forme de réponse à une objection. Cette objection se devine facilement : on demande comment le créancier qui a reçu le montant de la dette peut céder ses actions; car il semble que ces actions n'existent plus, que le payement a libéré tout le monde. Et le jurisconsulte répond : « *Non ita est : non enim in solutum accepit,* » *sed quodammodo nomen venditoris vendidit, et ideo habet* » *actiones quia tenetur ad id ipsum ut prœstet actiones.* »

Ainsi le payement, fait sous le bénéfice de la cession d'actions, n'est pas extinctif de ces actions comme un payement ordinaire, parce qu'il est réputé n'être pas tant un payement qu'une vente que le créancier est réputé faire de ses droits. D'un autre côté, l'adverbe *quodammodo* nous avertit de ne pas nous méprendre sur la

(1) L. 17, D., *De fidej.*
(2) L. 59, D., *De fidej.*
(3) L. 36, D., *De fidej.*

portée de cette fiction. Si ce n'est pas un véritable payement, ce n'est pas non plus une véritable vente. Il faut donc se garder de confondre le fidéjusseur qui se fait céder les actions du créancier, avec le spéculateur qui achèterait la créance avec les droits qui en dépendent. Les deux opérations diffèrent également dans leur but et dans leurs effets.

91. Reste une difficulté que faisait naître la subtilité des principes romains, en matière de droits personnels. D'après ces principes, une créance consistant dans un rapport juridique entre deux personnes déterminées, changer une de ces personnes, c'était détruire ce rapport, et par suite la créance qui n'en était que le résultat. Mais on sait que les prudents avaient éludé cette difficulté par leur moyen ordinaire, c'est-à-dire par un détour : le créancier qui voulait céder sa créance constituait le cessionnaire son procureur, mais procureur avec dispense de rendre compte (*procurator in rem suam*), et lui donnait en cette qualité l'exercice de ses actions.

92. L'avantage de cette cession d'actions n'a pas besoin d'être signalé : il apparaît de lui-même. Au lieu que, sans cette cession, le fidéjusseur n'aurait eu que l'action *mandati* ou *negotiorum gestorum*, dépourvue de toute garantie contre le débiteur principal, et qu'il aurait été sans action contre ses cofidéjusseurs, grâce au bénéfice dont nous venons de parler, il pourra agir à la fois contre le débiteur principal et contre ses cofidéjusseurs, contre lesquels il exercera les actions du créancier, et cela indépendamment de l'action *mandati* qu'il a de son propre chef contre le débiteur principal.

On comprend combien le bénéfice de cession d'actions était précieux, quand la créance était garantie par des priviléges, des gages ou des hypothèques (1).

93. Pour être en droit d'exiger la cession d'actions, le fidéjusseur devait payer la totalité de la vente (*ei qui solidum solvere paratus est*) (2).

Mais du moment qu'il offre le tout, le créancier est contraint de le faire (*stipulator compellitur*) ; s'il s'y refusait, il serait repoussé par l'exception *cedendarum actionum*.

94. A quel moment devait avoir lieu cette cession d'actions? Sous le système formulaire, le fidéjusseur devait avoir soin de la demander avant la *litiscontestatio*, car cette *litiscontestatio* opérant novation, tous les autres obligés se trouvaient libérés; mais depuis la constitution de Justinien (3), l'exception *cedendarum actionum* a pu être opposée même après le jugement. Tel était, du reste, le droit, même avant Justinien, à l'égard des *mandatores*, comme on peut le voir dans la loi 41, § 1, D., *De fidej*.

La constitution de Justinien a assimilé sur ce point les *fidejussores* aux *mandatores*.

On ne doit pas s'étonner de ce que l'exception *cedendarum actionum* pouvait s'opposer même après le jugement; car, comme nous avons déjà eu l'occasion de le faire remarquer, cette exception n'attaque pas la sentence, ni le droit acquis par cette sentence au créancier. Lorsque la caution qui a été condamnée envers lui est prête à le payer, il n'a aucun intérêt à lui refuser la cession de ses actions.

---

(1) L. 2 et L. 11, C., *De fidej.*; L. 21, C., *eod. tit.*
(2) L. 17, D, *De fidej.*; L. 2, C., *De fidej.*; L. 11, C., *De fidej.*
(3) L. 28, C., *De fidej.*

95. Mais si la cession d'actions pouvait être demandée même après le jugement, elle ne pouvait pas avoir lieu après le payement, à moins qu'il n'eût été fait sous cette condition (1). Tel était le principe, au moins pour les *fidejussores*. Le payement pur et simple ayant en effet éteint la créance et les actions du créancier, on ne pouvait plus faire la cession d'actions qui n'existaient plus.

Il en était différemment des *mandatores pecuniæ credendæ*. Lorsque le *mandator* avait remboursé le créancier qui avait prêté par son ordre, sans requérir la cession de ses actions contre le débiteur, il n'en pouvait pas moins, *ex intervallo*, se faire céder ces actions, et cela parce qu'en payant le créancier, il n'avait pas libéré le débiteur, du moins selon la rigueur du droit, « *ipso jure,* » « *propter enim mandatum suum solvit et suo nomine.* » Le payement qu'il a fait n'a éteint que son obligation; celle du débiteur subsiste. Le créancier ne pourrait pas, il est vrai, demander au débiteur la somme dont il a déjà été remboursé, car il serait repoussé par l'exception de dol; mais il peut céder ses actions au *mandator*, puisque, selon la subtilité du droit, ces actions n'ont pas été éteintes par le payement que celui-ci a fait (2).

Cette différence entre les *fidejussores* et les *mandatores* n'est qu'une conséquence de celle que nous avons déjà signalée, et d'après laquelle l'obligation du premier est une obligation purement accessoire, n'ayant aucune existence indépendamment de la dette principale à laquelle elle se rattache, tandis que l'obligation du *mandator* est une obligation principale, ayant une existence

---

(1) L. 76, D., *De solutionibus*.
(2) L. 28, D., *Mandati*.

propre et distincte de la dette, à laquelle elle se rattache du reste par l'identité d'objet.

96. Cette cession d'actions n'avait donc pas lieu de plein droit, mais seulement lorsque le répondant l'avait demandée en payant; s'il avait manqué de la requérir, il ne lui restait que l'action *mandati aut negotiorum gestorum* contre le débiteur principal.

97. Nous avons dit que le créancier était repoussé par l'exception *cedendarum actionum* s'il se refusait à céder ses actions au fidéjusseur. Il était également repoussé par cette exception s'il s'était mis par sa faute dans l'impossibilité de les céder. Mais cela n'est vrai qu'à l'égard du *fidejussor indemnitatis* et du *mandator credendæ pecuniæ*. Quant à eux, leur libération, en pareil cas, résultait directement des principes qui présidaient à leur engagement. Le contrat qui liait le *mandator* envers le créancier était en effet un contrat synallagmatique. Si le *mandator* était obligé à garantir le créancier des suites du mandat qu'il lui avait donné, de son côté le créancier était obligé envers le *mandator* à lui rendre compte de tout ce qu'il avait acquis par l'exécution du mandat, et par conséquent à lui céder ses actions contre le débiteur. Or c'est un principe commun à tous les contrats synallagmatiques que celle des parties qui n'exécute pas ses obligations ne peut pas forcer l'autre à exécuter les siennes; d'où il suit que le créancier qui avait perdu par sa faute ses actions contre le débiteur était non recevable à demander le payement au *mandator*. C'est en effet ce que nous dit la loi 95, § 11, *De solutionibus*.

Quant au *fidejussor indemnitatis*, c'est-à-dire celui qui s'engageait *in id quod quanto minus a reo vel ex distractione pignoris servari poterit*, les termes mêmes de son engagement ne permettaient pas qu'il restât obligé envers le créancier quand celui-ci s'était mis par sa faute dans l'impossibilité d'exercer ses actions d'une manière efficace contre le débiteur.

98. Les principes étaient autres en ce qui concernait les *fidejussores*. Le créancier n'ayant contracté aucune obligation envers eux (car la fidéjussion est un contrat unilatéral qui oblige le fidéjusseur envers le créancier sans obliger le créancier envers le fidéjusseur), le créancier, disons-nous, restait maître de ses actions et pouvait en disposer à son gré. Il était bien, il est vrai, dans la nécessité de les céder quand le fidéjusseur qui offrait le payement l'exigeait; mais c'étaient ses actions telles quelles qu'il devait céder; il n'était nullement tenu de les conserver au profit du fidéjusseur. L'obligation du créancier de céder ses actions étant fondée sur la seule équité, il suffisait qu'il les cédât telles qu'elles se comportaient au moment de la poursuite ou de l'offre du payement. Dans le cas de plusieurs fidéjusseurs, le créancier pouvait donc faire avec l'un un pacte de *non petendo* sans compromettre aucunement ses droits contre l'autre. C'est ce que dit la l. 15, § 1, D., *De fidej.*

Le créancier pouvait également convenir avec le débiteur principal de ne pas lui demander le payement de la dette en se réservant le droit de le demander au fidéjusseur. Celui-ci n'était pas admis à exciper de ce que le créancier ne pouvait pas lui céder ses actions, en ayant fait remise au débiteur principal (1).

---

(1) L. 21, §§ 5 et 22, D., *De pactis.*

Mais Cujas, *ad dict.* § 5, observe avec raison que cela ne pouvait guère avoir lieu depuis la novelle de Justinien qui a introduit le bénéfice de discussion : « *Jure novo haud facilè prodesse potest.* » Le fidéjusseur ayant, en effet, droit, d'après cette novelle, à n'être poursuivi qu'après discussion préalablement faite du débiteur principal, ce droit ne pouvait lui être enlevé par le fait du créancier. La convention faite avec le débiteur de ne pas lui demander le payement de la dette est évidemment incompatible avec le bénéfice que la novelle assurait au fidéjusseur.

99. Transition.—Le bénéfice de cession d'actions fut reçu dans notre ancienne jurisprudence comme l'avaient été les bénéfices de discussion et de division ; mais il y subit une légère modification. Car tandis qu'à Rome, la cession d'actions sur le refus du créancier avait lieu par l'office du juge, dans notre ancien droit c'est la loi elle-même qui accordait la subrogation, au défaut du créancier. « La loi, dit Pothier, supplée en ce cas, à ce que le créancier aurait dû faire, et subroge elle-même le débiteur qui a requis la subrogation, en tous les droits et actions du créancier (1). » Ainsi le fidéjusseur qui payait devait requérir la subrogation. Cette réquisition faite, peu importait le consentement du créancier, la loi le tenait pour donné.

100. Cette nécessité de requérir la subrogation était reconnue d'une manière unanime dans notre ancien droit. Dumoulin seul entreprit de la contester et de soutenir qu'une caution, de même qu'un codébiteur solidaire et généralement tous ceux qui payaient ce qu'ils

(1) *Oblig.*, n° 280.

devaient avec d'autres ou pour d'autres, étaient, en payant, subrogés de plein droit, quoiqu'ils n'eussent pas requis la subrogation. Cette idée de Dumoulin était excellente en législation; seulement son auteur eut le tort de prétendre l'appuyer sur les textes du droit romain. Ces textes résistaient trop énergiquement à l'idée de Dumoulin pour que l'interprétation qu'il essaya de leur donner pût être acceptée. C'était principalement la loi 1, § 13, D., *De tut. et rat.* qu'il invoquait au secours de sa doctrine. Dumoulin entendait ce texte dans un sens tout différent de celui dans lequel il avait toujours été entendu. Les interprètes ne voulurent pas se rendre à sa démonstration. Sa tentative échoua donc et l'on continua de suivre les errements du droit romain. Il était réservé aux rédacteurs du Code Napoléon de transformer en loi une idée qui se recommandait au premier chef par sa sagesse et son utilité.

101. Une question transitoire s'est élevée, c'est celle de savoir si la caution qui s'est obligée antérieurement au Code Napoléon et qui a payé depuis sa promulgation est de plein droit subrogée. Cette question a été résolue négativement par la Cour de cassation en 1808; cette Cour a décidé que le payement accompli sous la loi nouvelle ne pouvait produire que l'effet déterminé par la loi en vigueur au moment du cautionnement.

La Cour de cassation a, selon nous, exagéré le principe de la non-rétroactivité des lois. La loi nouvelle doit être appliquée toutes les fois qu'on peut le faire sans porter atteinte à des droits acquis, à des attentes fortes et légitimes. Or, quels droits acquis, quelles attentes fortes et légitimes blesse-t-on en accordant la subrogation de plein droit dans l'espèce qui nous occupe? Dira-t-on que le débiteur et ses ayants cause étaient en droit d'espérer que la caution oublierait de requérir la subrogation ? Mais quelle attente moins forte et moins légitime que celle qu'on oppose ainsi comme argument?

CHAPITRE II.

DU BÉNÉFICE DE SUBROGATION DANS NOTRE DROIT FRANÇAIS ACTUEL.

102. Le bénéfice de subrogation appartient aujourd'hui à la caution, comme il lui appartenait en droit romain; mais il a changé de caractère en passant dans le Code Napoléon.

Aujourd'hui la caution qui paye le créancier n'a pas besoin de requérir la subrogation. Ce qui était l'œuvre des parties est devenu l'œuvre de la loi.

Le législateur a considéré avec raison que le défaut de réquisition n'étant le plus souvent que le résultat de l'oubli ou de l'ignorance, il était utile et sage de suppléer cette réquisition. De là l'excellente règle de l'art. 2029, qui n'est, du reste, qu'une application à un cas particulier du principe général posé par l'art. 1251-3°.

C'est donc légalement et de plein droit que la caution est subrogée aux droits du créancier qu'elle paye. Le Code a consacré la théorie de Dumoulin.

Le bénéfice de subrogation ayant pour but d'assurer le recours de la caution qui a payé contre ceux pour lesquels ou avec lesquels elle était tenue de la dette, nous devons nous occuper d'abord de ce recours, c'est-à-dire de l'action que la caution a de son chef et en vertu de son droit propre contre le débiteur principal et aussi contre ses cofidéjusseurs, de l'étendue de ce recours et des conditions auxquelles il peut s'exercer. Nous reviendrons ensuite à la subrogation, aux garanties qu'elle offre à la caution, aux sûretés qu'elle lui donne, et à ce sujet nous aurons à examiner plusieurs questions aussi importantes que difficiles, notamment celles que soulèvent les rapports de la caution avec les tiers détenteurs d'immeubles hypothéqués à la dette, et celles qui se rattachent à la disposition de l'art. 2037.

103. Une observation doit être faite : l'art. 2032 confère à la caution le droit d'agir contre le débiteur, même avant d'avoir payé, dans le cas qu'il détermine. Mais ce droit d'action qui est ainsi accordé au fidéjusseur, n'emporte pas à son profit le bénéfice de la subrogation légale. Il s'entend de soi, en effet, que la caution ne peut être subrogée au droit du créancier que quand elle a acquitté la dette en tout ou au moins en partie. Comme nous n'avons à traiter du recours de la caution qu'au point de vue du bénéfice de subrogation, la disposition de l'art. 2032 se trouve, à proprement parler, en dehors de notre sujet.

Nous la laisserons donc de côté pour ne nous occuper que des cas où la caution a un véritable recours à exercer contre le débiteur, après qu'elle a désintéressé le créancier.

SECTION PREMIÈRE.

§ 1. Du recours de la caution contre le débiteur principal, c'est-à-dire de l'action qu'elle a de son chef après qu'elle a payé, et des conditions de ce recours.

104. La caution qui s'est obligée à la demande du débiteur a contre lui l'action de mandat. Si elle s'est seulement obligée au su du débiteur, elle a également l'action de mandat, suivant cette règle de droit : « *Semper qui non prohibet pro se intervenire, mandare creditur* » (L. 60, D., *De reg. jur.*).

Que si elle s'est obligée à l'insu du débiteur, elle aura contre lui l'action de gestion d'affaires, qui a, du reste, le même effet que la précédente.

105. Le fidéjusseur qui s'est porté caution malgré le débiteur a-t-il action contre lui ? Il faut, selon nous, user de distinctions : le fidéjusseur qui s'est engagé contre la volonté du débiteur, a-t-il été mû par le désir de lui être utile, a-t-il voulu son bien ? Le refus que le débiteur a opposé à ses intentions généreuses est-il déraisonnable, le résultat d'un caprice ou d'un entêtement ridicule ? Dans ce cas, le fidéjusseur doit être traité comme s'il s'était obligé sans opposition de la part du débiteur ; il aura donc une action de gestion d'affaires. Cette action se prescrira par trente ans à compter du jour du payement.

Que si la caution n'a pas eu en vue l'intérêt du débiteur, si elle ne lui a été d'aucune utilité, l'action qu'on lui accordera ne sera plus une action de gestion d'affaires, mais une espèce d'action *de in rem verso*, fondée sur le principe que personne ne doit s'enrichir aux dépens d'autrui. Le débiteur ne sera tenu que dans la limite du profit qu'elle lui aura procuré ; il conservera donc tous les avantages qu'il aurait s'il eût conservé son créancier originaire. Ainsi le recours de la caution se prescrira par le laps de temps qui manquait pour que la prescription de la créance fût accomplie ; ainsi encore, la prescription ne sera pas suspendue par l'interdiction du fidéjusseur ou par la minorité ou l'interdiction de ses héritiers, dans le cas où elle courrait contre l'ancien créancier ou contre ses héritiers majeurs et non interdits. Enfin, des causes de compensation survenant au profit du débiteur contre son ancien créancier, le débiteur pourra les opposer au fidéjusseur qui l'a cautionné sans justes motifs : conséquences qui n'auraient pas lieu dans l'hypothèse précédente.

3° Le fidéjusseur qui a cautionné le débiteur contre la volonté de celui-ci, a agi *animo donandi ;* suivant l'opinion générale, la caution, dans ce cas, n'a aucun recours à exercer. Cette solution ne nous paraît pas conforme aux principes. Une donation consiste dans un double élément : l'offre d'une libéralité, d'une part ; d'autre part, l'acceptation de cette offre. C'est un contrat qui se forme, comme tout contrat, par le concours de deux volontés; tant que l'offre n'a pas été acceptée, il n'y a rien de fait ; celui qu'il l'a faite est maître de la retirer. Le fidéjusseur qui s'est obligé *animo donandi* peut donc, tant que le débiteur persiste dans son opposition, retirer l'offre de libéralité qu'il lui a faite, et c'est ce qu'il est censé faire quand il recourt contre lui. Que si le débiteur, cessant son opposition, accepte l'offre de libéralité du fidéjusseur, alors la donation est formée et il n'y a plus de recours possible pour le fidéjusseur (1).

---

(1) Mourlon, *Traité des subrogations*, p. 407.

106. La caution peut exercer son action soit qu'elle ait payé volontairement, soit qu'elle ait payé sur les poursuites dirigées contre elle; car, dans l'un comme dans l'autre cas, *utiliter debitoris negotium gessit.*

Peu importe que ce soit un payement proprement dit, ou une compensation, ou une novation ; du moment que la dette a été éteinte et que le débiteur se trouve libéré, la caution doit être indemnisée de ce qu'il lui en a coûté pour procurer cette libération (1).

107. Si le créancier, par considération pour la caution et voulant la gratifier, lui fait remise de la dette en lui donnant une quittance sans avoir rien reçu d'elle, celle-ci peut-elle agir contre le débiteur commun au cas où elle a réellement payé? Cette question ne nous paraît pas susceptible de difficulté. Le débiteur, en effet, est libéré, et on peut dire qu'il l'a été avec l'argent de la caution. Les choses se sont en effet passées comme si la caution avait remis au créancier la somme qui lui était due, et qu'ensuite il en eût fait donation à la caution, ou comme si le créancier l'avait donnée à la caution et que celle-ci l'eût ensuite rendue en payement au créancier. Si ces traditions n'ont pas été réellement faites, c'est uniquement *brevitatis causa.* Il s'agit ici d'une de ces abréviations d'actions dont les Romains faisaient si grand usage. Le débiteur est d'ailleurs libéré : or c'est là le point décisif. Que l'on considère, d'autre part, à qui profiterait en définitive la libéralité si l'on adoptait la solution contraire! Évidemment, elle

(1) Pothier, *Oblig.*, n° 430.

profiterait au débiteur, que le créancier n'a pourtant nullement entendu gratifier (1).

108. La caution qui a payé, avons-nous dit, a recours contre le débiteur. Mais tout payement n'est pas bon pour fonder ce recours. Plusieurs conditions sont requises pour que le payement fait par la caution donne lieu à l'action contre le débiteur principal.

Il faut d'abord que le payement soit valable. Soit une dette ayant pour objet la tradition d'une maison non individuellement déterminée ; la caution fait tradition d'une maison qui ne lui appartient pas. Ce payement n'étant pas valable et n'ayant pas par conséquent procuré au débiteur principal sa libération, la caution n'aura pas de recours contre ce débiteur.

109. Alors même que la caution a fait un payement valable, elle n'a pas toujours droit au recours contre le débiteur. C'est ce qui résulte expressément de l'art. 2031, 1er al., ainsi conçu : « La caution qui a payé une première fois n'a point de recours contre le débiteur principal qui a payé une deuxième fois, lorsqu'elle ne l'a pas averti du payement par elle fait, sauf son action en répétition contre le créancier ; » ou plutôt l'action en répétition du débiteur qui passe de droit à la caution pour l'indemniser du préjudice qu'elle souffre. Cette disposition n'est que la reproduction de la loi 29, § 3, D., *Mandati*. Le 2e al. de l'art. 2031 apporte une autre restriction au droit de recours qui appartient à la caution quand elle a payé : « Lorsque la caution aura payé sans être poursuivie et sans avoir averti le débiteur principal, elle

---

(1) Mourlon, *Des subrogations*, p. 409. — Troplong, *Cautionnement*, n° 336.

n'aura pas de recours contre lui dans le cas où, au moment du payement, ce débiteur aurait eu des moyens pour faire déclarer la dette éteinte, sauf son action en répétition contre le créancier. »

Ainsi la caution paye-t-elle volontairement la dette qui a déjà été payée par le débiteur principal, elle n'a point de recours contre lui, car elle est en faute de ne s'être pas informée auprès du débiteur s'il y avait des causes d'extinction de la dette; de même si quelqu'un m'ayant cautionné pour le prix d'un immeuble que j'ai acheté, paye sans être poursuivi et sans avertir le débiteur, alors que celui-ci avait souffert l'éviction de l'immeuble.

110. Mais si la caution paye étant poursuivie, c'est alors le débiteur qui sera responsable de sa négligence à prévenir la caution des fins de non-recevoir qui existaient contre la demande du créancier. Ainsi, la caution poursuivie qui paye dans l'ignorance où elle est que le débiteur principal a déjà payé n'aura pas moins recours contre lui, parce que le débiteur doit s'imputer de n'avoir pas prévenu sa caution que la dette était éteinte. On peut objecter, il est vrai, que la caution devait avertir le débiteur principal des poursuites dont elle était l'objet (art. 1640). Mais on répond que l'art. 1640 est inapplicable ici; que la caution qui paye sur l'action du créancier obéit à la bonne foi, est fidèle à ses engagements, et qu'on ne peut pas se faire une arme contre elle de ce qu'elle n'a pas opposé des délais à la juste réclamation qu'elle avait d'avance promis de satisfaire. C'était, au reste, la décision de la loi 29, § 2, D., *Mandati*, suivie par Pothier et Domat (1).

(1) Pothier, *Oblig.*, n° 437. — Domat, III, IV, § 7.

Si la dette était prescrite, bien que le moyen tiré de la prescription soit souvent peu honorable, la caution n'est pas libre d'y renoncer. Elle devra donc, pour conserver son recours, appeler en cause le débiteur principal, qui jugera s'il doit ou non opposer la prescription qui lui est acquise (1).

111. Nous avons jusqu'ici supposé le cas d'un débiteur unique. *Quid* lorsqu'il y a plusieurs débiteurs? Sur ce point l'art. 2030 s'énonce en ces termes : « Lorsqu'il y a plusieurs débiteurs principaux solidaires d'une même dette, la caution qui les a tous cautionnés a, contre chacun d'eux, le recours pour la répétion du total de ce qu'elle a payé. » Cet article ne règle que l'hypothèse où le fidéjusseur cautionne tous les débiteurs; il ne règle pas, du moins explicitement, celle où il n'a cautionné qu'un des débiteurs. De là une difficulté sur laquelle nous reviendrons à propos de la subrogation. L'art. 2030 n'est que l'application au fidéjusseur de la règle posée dans l'art. 2002, d'après lequel, « lorsque le mandataire a été constitué par plusieurs personnes pour une affaire commune, chacune d'elles est tenue solidairement envers lui de tous les effets du mandat. »

Si les débiteurs n'étaient pas solidaires, ce ne serait pas une affaire commune ; il n'y aurait pas une seule et même dette, mais plusieurs dettes distinctes; et par conséquent le fidéjusseur qui aurait cautionné ces débiteurs simplement conjoints, n'aurait recours contre chacun d'eux que relativement à l'obligation particulière par lui contractée.

(1) L. 48, D., *Mandati*, et 10, § 12, C., *eod. tit.*

§ 2. De l'étendue du recours.

112. L'art. 2028 porte : « Le recours a lieu tant pour le principal que pour les intérêts et les frais; néanmoins la caution n'a de recours que pour les frais par elle faits depuis qu'elle a dénoncé au débiteur principal les poursuites dirigées contre elle. Elle a aussi recours pour les dommages-intérêts, s'il y a lieu. »

La pensée qui préside à cette disposition est celle-ci : La caution ne doit rien perdre : l'obligation à laquelle elle s'est soumise est un acte de bienfaisance de sa part, et il est juste qu'elle ne soit pas victime de sa générosité. La caution répétera donc : d'abord le capital de la dette, à moins toutefois que le débiteur ne soit en faillite, auquel cas la caution devrait subir la loi commune qui accorde une remise au débiteur (1).

Si la dette produisait des intérêts et qu'elle les ait payés, ces intérêts formeront a son égard un capital qui sera lui-même productif d'intérêts.

On comprend la restriction apportée par l'art. 2028 pour les frais. La caution qui est poursuivie et qui plaide, est en faute si elle ne dénonce pas les poursuites dont elle est l'objet au débiteur principal. Celui-ci sera fondé à dire à sa caution : Que ne m'avez-vous averti ? Je me serais empressé de payer pour éviter les frais.

La caution étant un mandataire, l'art. 2001 lui est applicable : en conséquence, les intérêts de ses avances lui seront dus de plein droit à compter du jour où elle les aura faites.

L'art. 2028 ajoute que « la caution a aussi recours

(1) Pothier, *Oblig.*, n° 360.

pour les dommages-intérêts, s'il y a lieu. » C'est la même idée : la caution est un mandataire, il faut donc la traiter comme un mandataire. Cette dernière disposition de l'art. 2028 n'est qu'un cas d'application de l'art. 2000. La caution a rendu un service gratuit : l'équité exige qu'elle soit rendue complétement indemne.

§ 3. Du recours de la caution contre ses cofidéjusseurs.

113. Nous avons dit qu'en droit romain le fidéjusseur qui avait payé n'avait de son chef aucune action contre ses cofidéjusseurs (1). S'il n'avait pas eu soin de demander la cession d'actions, il était réduit à l'action *mandati* contre le débiteur principal. Les jurisconsultes romains s'étaient fondés sur ce principe que les cofidéjusseurs ne contractent entre eux aucune obligation ; chacun d'eux ne se propose de faire l'affaire que du débiteur principal, et non celle de ses cofidéjusseurs.

Mais notre ancienne jurisprudence a repoussé cette conséquence d'un principe, du reste vrai, comme trop dure et contraire à l'équité.

Une action a été reconnue au profit de la caution qui a payé sans requérir la subrogation, à l'effet de faire contribuer ses cofidéjusseurs chacun pour sa part. « Cette action, dit Pothier, ne naît pas du cautionnement que ce fidéjusseur a subi avec ses cofidéjusseurs, puisque par ce cautionnement ils n'ont contracté aucune obligation entre eux : elle ne naît que du payement que ce cofidéjusseur a fait de toute la dette, et de l'équité qui ne permet pas que ses cofidéjusseurs qui étaient tenus, comme lui,

---

(1) L. 39, D., *De fidej.*, et L. 11, C., *eod. tit.*

de la dette, profitent à ses dépens du payement qu'il en a fait. »

« Cette action, ajoute-t-il, n'est pas la vraie action *negotiorum gestorum*, mais une action *utilis negotiorum gestorum quæ non ex subtili juris ratione, sed ex sola utilitatis et æquitatis ratione proficiscitur.* »

114. Le recours de la caution contre ses cofidéjusseurs est conservé par l'art. 2033. Ce même article fixe les limites dans lesquelles il renferme ce recours. La caution n'y a droit qu'autant qu'elle a payé, et encore faut-il qu'elle ait payé ayant juste sujet de le faire, c'est-à-dire dans l'un des cinq cas énumérés dans l'art. 2032, qui sont :

1° Lorsque la caution est poursuivie en justice pour le payement ;

2° Lorsque le débiteur a fait faillite ou est en déconfiture ;

3° Lorsque le débiteur s'est obligé de lui rapporter sa décharge dans un certain temps ;

4° Lorsque la dette est devenue exigible par l'échéance du terme sous lequel elle avait été contractée ;

5° Au bout de dix années, lorsque l'obligation principale n'a pas de terme fixe d'échéance, à moins que l'obligation principale, telle qu'une tutelle, ne soit de nature à pouvoir être éteinte avant un temps déterminé. En sorte que « la caution ne peut exercer le recours si elle a payé sans être poursuivie en justice par le créancier, ou sans que le débiteur fût en faillite ou en déconfiture, ou avant l'expiration du terme auquel le débiteur s'était obligé de lui rapporter décharge, ou avant l'échéance de l'obligation, ou avant l'expiration de dix années, lorsque l'obligation n'avait pas de temps fixe d'échéance, ou avant l'expiration du temps déterminé pendant lequel cette obligation était de nature à ne pouvoir s'éteindre. » Ce sont les expressions de M. Chabot (1).

Ces restrictions mises au recours de la caution contre ses cofidéjusseurs, s'expliquent par la raison même de ce recours qui, comme le disait Pothier, est une raison d'équité.

115. Il résulte des termes de l'art. 2033 que la caution n'a de recours contre ses cofidéjusseurs qu'autant qu'elle a payé.

Dans l'ancien droit, il y a des auteurs qui ont soutenu que, dans le cas d'insolvabilité du débiteur principal, un fidéjusseur avait action contre ses cofidéjusseurs, non-seulement après qu'il avait payé le créancier pour répéter d'eux leurs parts et portions, mais que même avant d'avoir payé, le fidéjusseur avait action contre ses cofidéjusseurs pour les faire contribuer avec lui au payement de la dette dont ils sont tenus en commun. Pothier n'était pas de cet avis, mais il accordait que lorsqu'un fidéjusseur est poursuivi par le créancier, ce fidéjusseur avait action contre ses cofidéjusseurs pour qu'ils aient à fournir leur part de la somme demandée.

Il nous semble que l'art. 2033 repousse cette concession de Pothier. C'est Pothier lui-même, en effet, qui déclare que « l'action du fidéjusseur contre ses cofidéjusseurs ne naît que *du payement* que le fidéjusseur a fait de toute la dette et de l'équité, qui ne permet pas que ses cofidéjusseurs, qui étaient tenus comme lui de la dette, profitent à ses dépens *du payement* qu'il en a fait. » Or,

---

(1) Fenet, t. XV, p. 58.

cela étant, l'effet ne peut pas précéder la cause, l'action qui naît du payement ne peut donc être exercée avant ce payement.

116. La caution a son recours contre tous ceux qui ont cautionné le débiteur avec elle. Peu importe que les cautionnements aient été donnés simultanément ou par actes successifs, que les cautions se soient engagées le même jour ou qu'elles se soient engagées les unes après les autres. L'art. 2033 est général, et il n'y a aucune raison de distinguer.

117. Si l'un des cofidéjusseurs est insolvable, la perte résultant de son insolvabilité se répartit entre tous.

118. Le codébiteur solidaire qui a payé la dette a, lui aussi, recours contre ses codébiteurs (art. 1213); mais remarquons la différence qui existe entre ce recours et celui des cofidéjusseurs. Le codébiteur solidaire a action contre chacun de ses codébiteurs proportionnellement à la part d'intérêt qu'il a dans la dette. Ainsi trois personnes se réunissent pour emprunter une somme de 10. L'un prend 5, l'autre 3, le troisième 2; c'est le premier qui acquitte la dette, il a action pour 3 contre le deuxième et pour 2 contre le troisième. Il en est autrement des cofidéjusseurs. Comme la dette dont ils sont tenus n'est pas la leur, qu'ils n'y ont aucun intérêt, le recours qu'ils ont entre eux se divise *pro numero virorum*. Celui qui a payé répétera une part égale contre chacun de ses coobligés.

SECTION II.

DE L'UTILITÉ DE LA SUBROGATION ACCORDÉE A LA CAUTION ET DE SES EFFETS.

119. Nous avons dit que le bénéfice de subrogation accordé à la caution avait pour effet d'assurer son recours. Ce recours, nous savons contre qui il existe : la caution a action de son chef contre le débiteur et contre ses cofidéjusseurs. L'art. 2029 nous dit, en outre, « qu'elle est subrogée à tous les droits qu'avait le créancier contre le débiteur. » L'art. 1251-3°, qui pose le principe général, nous avait déjà dit que « la subrogation a lieu de plein droit au profit de celui qui, étant tenu avec d'autres ou pour d'autres, avait intérêt de l'acquitter. » L'art. 1252 ajoute : « La subrogation établie par les articles precédents a lieu tant contre les cautions que contre les débiteurs. »

120. Comment entendre ces mots : « La caution est subrogée à tous les droits du créancier? » C'est une des plus graves et des plus difficiles questions de notre législation civile ; les développements qu'elle comporte ne nous permettent pas de la discuter. Cette question célèbre a donné lieu à plusieurs systèmes : deux surtout méritent de fixer l'attention. Le premier peut se formuler ainsi : La subrogation est l'attribution des accessoires de l'ancienne créance, éteinte par le payement, à une nouvelle créance née du payement même qui a libéré le débiteur. Dans ce système, la caution n'a qu'une action, qui est l'action *mandati* ou *negotiorum gestorum* dont nous avons précédemment parlé. Mais cette action est garantie par les accessoires de l'ancienne créance.

Le deuxième système se formule ainsi :

« La subrogation est une cession fictive par suite de laquelle une créance éteinte au moyen d'un payement effectué par un tiers, est regardée comme continuant d'exister au profit de ce dernier, qui peut l'exercer à l'effet de recouvrer par elle ce que lui a coûté la libération du débiteur (1). »

Dans le deuxième système, que nous adoptons, la caution a deux actions: 1° L'action *mandati* ou *negotiorum gestorum* qui lui est propre; 2° l'action du créancier que la subrogation lui transporte avec tous ses accessoires. Ces deux actions tendent au même but : le recouvrement de ce que la caution a déboursé. L'action du créancier ne lui est donnée qu'à titre d'auxiliaire, pour fortifier et garantir l'action qui lui appartient de son chef. Elle ne peut donc, au moyen de l'action qui lui est fictivement cédée rien obtenir au delà de ce qu'elle obtiendrait par l'action qu'elle a de son chef, si le débiteur était solvable. Si donc l'action de mandat ou de gestion d'affaires est moins étendue que l'ancienne créance, par exemple, la dette originaire avait été contractée avant la loi du 3 septembre 1807, et produisait des intérêts à 20 p. 100, la subrogation ne produira son effet que dans la limite de l'action de mandat ou de gestion d'affaires.

Que si, au contraire, l'action de mandat est plus

---

(1) Mourlon, p. 6. Remarquez qu'on n'assimile pas la subrogation à une cession véritable ; on la définit : une cession fictive. On reconnait en effet, dans ce système, que la subrogation diffère, sous certains rapports, de la cession proprement dite.

étendue que l'ancienne créance, comme au cas où la dette ne produisait pas d'intérêts, la subrogation ne produira son effet que dans la limite de la créance primitive. La subrogation, en effet, profite au subrogé sans nuire à personne. Au delà de cette limite, la caution n'aura que l'action de mandat pour obtenir le remboursement intégral de ce qui lui est dû.

121. Jusqu'ici les deux systèmes sont d'accord. L'un et l'autre admettent également les conséquences pratiques que nous venons d'indiquer. Mais voici où ils se séparent : dans le premier, les accessoires de la créance éteinte qui viennent adhérer à la nouvelle créance, pour la garantir, sont seulement les priviléges, hypothèques et cautionnements (art. 1250 et 1252), parce que la loi ne parle que de ces trois sortes de garanties.

Dans le deuxième système, au contraire, c'est la créance elle-même qui passe au subrogé avec tous ses accessoires, toutes ses qualités, priviléges, hypothèques, cautionnements, solidarité, indivisibilité, domicile élu, indication d'un lieu où le payement doit être effectué, compétence du tribunal, clause pénale, titre exécutoire, contrainte par corps, la clause par la quelle il a été convenu que le débiteur serait en demeure de plein droit et sans qu'il soit besoin d'acte (1139).

La caution succédera également au droit de résolution pour défaut de payement du prix. Le droit de résolution n'est en effet, comme le privilége, comme l'hypothèque, qu'une garantie, un accessoire de la créance, un moyen de coercition pour forcer l'acheteur à exécuter son obligation. Pourquoi donc ne profiterait-il pas au subrogé?

S'il s'agit d'une vente de meubles, la caution subrogée jouira : 1° du droit de rétention (1612); 2° du droit de revendication (2102-4°); 3° du droit de résolution (1657); 4° du privilége (2102-4°).

Mais si la caution acquiert le droit de demander la résolution d'une vente, acquiert-elle également le droit de demander la résolution d'un bail, quand elle a payé des fermages ou des loyers échus? Ici, nous rencontrons un principe fondamental, c'est que la subrogation ne peut pas nuire au créancier : *Nemo contra se subrogasse censetur*. Or si la caution avait le droit de faire résilier le bail, l'intérêt du créancier pourrait se trouver lésé.

122. La caution acquiert, par le bénéfice de la subrogation, toutes les garanties qu'avait le créancier au moment où elle l'a désintéressé; c'est ce qui résulte des termes absolus de l'art. 2029 : « La caution est subrogée à tous les droits qu'avait le créancier. » Si donc le créancier, depuis le cautionnement, s'est fait donner de nouvelles sûretés, ces sûretés seront acquises à la caution (1). En vain dira-t-on qu'elle n'a compté que sur les sûretés existantes au moment du cautionnement. La caution sait que le créancier cherchera à améliorer sa créance et à se procurer le plus de garanties possibles. Mais faut-il conclure de là que le créancier qui, par son fait, aurait laissé perdre les garanties postérieures au cautionnement, encourra la déchéance de l'art. 2037? Nous verrons que non; l'art. 2037 n'est pas applicable à ce cas (2).

123. Le bénéfice de subrogation accordé à la caution a pour but d'assurer son recours. Dès lors qu'elle a un recours à exercer, elle a la subrogation pour mener son

---

(1) Ponsot, *Cautionn.*, n° 266; Troplong, *Cautionn.*, n° 376.
(2) Ponsot, *Cautionn.*, n° 259.

action à bonne fin. Que cette action récursoire soit l'action de mandat, de gestion ou une simple action *de in rem verso*, comme au cas où la caution s'est engagée malgré le débiteur et sans utilité pour lui; du moment qu'elle a un recours à exercer, elle est, dans la limite de ce recours, subrogée aux droits du créancier qu'elle a payé. Nous avons décidé que la caution à qui le créancier avait fait remise de la dette en lui donnant une quittance sans avoir rien reçu d'elle, pouvait agir contre le débiteur comme si elle avait réellement acquitté la dette. Nous avons, par là même, décidé qu'elle est subrogée contre le débiteur.

124. La caution que le créancier a admise, par libéralité pour elle, à lui rembourser le capital d'une rente non encore remboursable, est-elle contrainte d'accepter le remboursement qu'à son tour le débiteur offre de lui faire, ou bien, au contraire, peut-elle, usant de la subrogation qui la met au lieu et place du créancier, se faire payer par le débiteur les arrérages jusqu'au moment où la rente deviendra remboursable? Nous pensons que tel est, en effet, le droit de la caution. Le créancier a voulu faire une libéralité à la caution : il est juste que cette libéralité aille à son adresse, et ne profite pas à un autre. Ce serait enlever au créancier l'équivalent moral qui compense pour lui le sacrifice pécuniaire qu'il a fait. La convention qui a eu lieu entre le créancier et la caution est *res inter alios acta* à l'égard du débiteur. Les choses doivent se passer entre lui et la caution comme si celle-ci n'avait payé qu'à l'échéance du terme. Au reste, on peut dire ici, comme dans le cas où le créancier a fait remise de la dette à la caution, qu'il y a une abréviation d'actions, que la caution est réputée avoir payé par anticipation les

arrérages futurs au créancier, qui est à son tour réputé les avoir remis à titre de libéralité à la caution. Qu'on ne dise pas, comme M. Ponsot, n°s 257 et 258, que la subrogation que la loi accorde à la caution « n'a pas pour but de l'enrichir, mais de la protéger contre des chances de perte; » car si la caution s'enrichit, c'est légitimement, en vertu d'une libéralité qui lui est légitimement faite, et non aux dépens du débiteur dont la position reste la même (1).

§ 1. De l'effet de la subrogation entre les cautions d'un même débiteur.

125. Les effets de la subrogation peuvent être modifiés par suite des rapports existants entre le subrogé et ceux contre lesquels il exerce son recours. Un tiers étranger à la dette acquitte cette dette, qui est une dette solidaire. Il est subrogé aux droits du créancier, et peut, par conséquent, agir pour le tout contre chacun des débiteurs solidaires pour le recouvrement de ce qu'il a déboursé. Mais si, au lieu d'un tiers étranger à la dette, c'est un des débiteurs solidaires qui paye le créancier, les choses se passent tout autrement. L'obligation contractée solidairement se divisant de plein droit entre les débiteurs, d'après l'art. 1213, de telle sorte qu'ils n'en sont tenus entre eux que chacun pour sa part et portion, la subrogation ne transporte l'action du créancier au débiteur qui l'a payé, que divisée en autant de fractions qu'il y a de codébiteurs solidaires; en sorte que le codébiteur qui recourt contre les autres ne peut exercer

---

(1) Mourlon, p. 410, *in fine*.

les droits du créancier auquel il succède que dans la limite de l'action personnelle qu'il a contre chacun d'eux. Ainsi, dans ce cas, le créancier n'acquiert pas la solidarité qui servait de garantie au créancier originaire. Et s'il y avait des hypothèques, le codébiteur qui a payé la dette ne pourrait les exercer contre ceux de ses collègues qui en sont grevés que dans la limite de la part pour laquelle il a recours contre eux.

126. Ce qui est vrai des codébiteurs solidaires est également vrai des cofidéjusseurs. D'après l'art. 2033, la caution qui a payé a recours contre les autres cautions, chacune pour sa part et portion. La subrogation ne lui donnera donc pas le droit d'agir contre ses cofidéjusseurs pour le tout, déduction faite de sa part; elle ne lui profitera que dans la limite de l'action de mandat qu'elle a de son chef pour faire partager le fardeau de l'insolvabilité du débiteur à ceux qui l'ont cautionné comme elle.

§ 2. De l'effet de la subrogation entre la caution de l'un des débiteurs solidaires et les débiteurs qu'elle n'a pas cautionnés, et aussi entre les cautions séparément données par chacun des codébiteurs.

127. Soit une dette contractée solidairement par *Primus*, *Secundus* et *Tertius*. Chacun des débiteurs a séparément donné une caution. *Quartus*, caution de *Primus*, a payé la dette : a-t-il, personnellement et de son chef, action contre *Secundus* et *Tertius* qu'il n'a pas cautionnés? Pothier (1) lui dénie cette action. « Lorsque la caution, dit-il, ne s'est rendue caution que pour l'un des débi-

(1) *Oblig.*, n° 440.

teurs solidaires, et non pas pour les autres, elle n'a, après qu'elle a acquitté la dette, d'action directe que contre celui qu'elle a cautionné. Elle peut seulement, comme exerçant les droits et actions de son débiteur, exercer celles que ce débiteur, en acquittant la dette, aurait pu exercer contre eux et de la même manière qu'il les aurait exercées. » Plusieurs auteurs professent cette décision de Pothier. Nous n'apercevons pourtant pas les raisons en vertu desquelles la caution qui a payé la dette commune ne pourrait pas agir de son chef, même contre ceux des débiteurs solidaires qu'elle n'a pas cautionnés. On dit qu'elle n'a pas fait l'affaire de ces débiteurs, qu'elle n'a fait l'affaire que du débiteur qu'elle a cautionné ; mais la caution qui paye fait-elle donc plus l'affaire de ses cofidéjusseurs? Selon nous, il n'y a pas plus de motifs pour donner l'action de gestion d'affaires à la caution contre ses cofidéjusseurs, qu'il n'y en a pour la lui donner contre ceux des codébiteurs qu'elle n'a pas cautionnés. La caution qui a acquitté la dette a fait l'affaire de tous les débiteurs, puisqu'elle les a tous libérés; elle doit doit donc avoir action contre eux tous. L'art. 2030, il est vrai, n'accorde expressément le recours que quand le fidéjusseur a cautionné tous les débiteurs; mais que faut-il en conclure? c'est que le fidéjusseur qui n'a cautionné qu'un des débiteurs n'a de recours pour le tout que contre ce débiteur. Quant aux autres, c'est d'après les principes de la gestion d'affaires que la caution pourra recourir contre eux. Nous dirons donc, dans notre espèce, que *Quartus* a action et que par conséquent il est subrogé contre *Secundus* et *Tertius* pour leur part d'intérêt dans la dette.

Elle ne pourrait pas, invoquant la subrogation, agir

pour le tout contre chacun d'eux ; car, comme le dit Pothier, il se ferait un circuit d'actions. Celui auquel la caution aurait fait payer le total aurait le droit, en payant, d'être pareillement subrogé aux actions du créancier; partant il reviendrait à son tour contre la caution, sous la déduction de la part dont il est tenu. La caution ne pourrait pas se prétendre libérée par le payement qu'elle a fait au créancier, car la subrogation a précisément pour effet d'empêcher l'extinction de la créance.

128. Les droits de *Quartus* contre *Secundus* et *Tertius* ne se borneront pas là : les codébiteurs solidaires ont, en effet, une double qualité : ils sont débiteurs principaux pour la part d'intérêt qu'ils ont dans la dette ; ils sont cautions pour le surplus. Les codébiteurs solidaires se cautionnent mutuellement les uns les autres. *Quartus* se trouve donc cofidéjusseur de *Secundus* et de *Tertius* pour la part de *Primus*. Cette part doit donc se répartir entre eux et lui comme entre cofidéjusseurs, conformément à l'art. 2033.

Nous avons raisonné jusqu'ici dans l'hypothèse ordinaire, celle où la dette a été contractée dans un intérêt commun aux codébiteurs. Si nous la supposons uniquement contractée pour les affaires de *Primus*, si *Secundus* et *Tertius* n'avaient aucun intérêt dans la dette (art. 1216), leurs rapports avec *Quartus* seront alors ceux qui existent entre cofidéjusseurs, et par conséquent c'est l'art. 2033 qu'il faudra purement et simplement appliquer (1).

129. Que dirons-nous maintenant des fidéjusseurs

(1) Mourlon, p. 108.

qui ont été séparément fournis par les différents débiteurs? Le cas n'est pas prévu par la loi : l'art. 2033 semble même, du moins dans sa lettre, exclure le recours entre tels cofidéjusseurs. Mais nous ne pensons pas que cette disposition doive être prise à la lettre ; il nous semble que les motifs qui ont fait accorder le recours entre cofidéjusseurs se présentent ici comme dans l'hypothèse littéralement prévue par l'art. 2033. Les cofidéjusseurs dont nous nous occupons sont tenus de la même dette ; le payement que fait l'un profite aux autres. L'équité demande donc qu'on accorde le recours, conformément à l'art. 2033 (1). L'effet de la subrogation entre les cautions particulières de plusieurs débiteurs solidaires est par là même indiqué. Cet effet est le même qu'entre cofidéjusseurs du même débiteur : le fidéjusseur qui paye est subrogé contre les autres, chacun pour sa part et portion.

§ 3. Du cas où la caution n'a fait qu'un payement partiel.

130. Supposons une créance privilégiée ou hypothécaire acquittée en partie seulement, la caution qui fait ce payement partiel acquiert le bénéfice de la subrogation, à l'effet de rentrer dans ses déboursés. Mais dans l'exercice de son recours, elle va rencontrer le créancier qui n'a été désintéressé qu'en partie, et à qui il reste par conséquent des droits à faire valoir. La caution pourra-t-elle prétendre une condition égale à celle du créancier? Pourra-t-elle dire que ses droits sont égaux aux siens? Non. L'ancienne maxime : *Nemo contra se subrogasse*

(1) Mourlon, p. 108.

censetur, ne lui permet pas d'élever cette prétention. L'art. 1252, qui n'a fait que traduire cette ancienne maxime, s'y oppose également. Le payement avec subrogation est extinctif de la dette comme un payement ordinaire dans les rapports du subrogé et du créancier. La subrogation est sans effet à l'égard du créancier. « Elle ne peut nuire au créancier qui n'a été payé qu'en partie, dit l'art 1252; en ce cas il peut exercer ses droits pour ce qui lui reste dû, par préférence à celui dont il n'a reçu qu'un payement partiel. »

Soit donc une dette hypothécaire de 6,000 francs; la caution paye 3,000 fr.; le débiteur tombe en faillite ou en déconfiture, et la vente de l'immeuble hypothéqué ne produit que 3,000 fr. Cette somme sera-t-elle partagée entre le créancier et la caution? Non; elle sera attribuée exclusivement au créancier, car la caution subrogée, créancier hypothécaire dans ses rapports avec le débiteur et ses ayants cause, n'est qu'un simple créancier chirographaire dans ses rapports avec le créancier envers lequel elle est tenue. Mais si l'immeuble a été vendu pour un prix supérieur à 3,000 fr., l'excédant appartiendra à la caution, parce qu'elle est, en vertu de la subrogation, créancier hypothécaire vis-à-vis du débiteur et de ses ayants cause, et que par conséquent elle prime tous les créanciers chirographaires, et même les créanciers hypothécaires dont le rang est inférieur à celui du créancier originaire.

131. Si la créance payée en partie n'est que chirographaire, la caution doit-elle être admise à concourir avec le créancier? Si au lieu d'une caution c'était un tiers étranger à la dette qui avait fait le payement partiel, il n'y aurait pas de difficulté. Le tiers est créancier en vertu

de la gestion ; or, entre créanciers chirographaires, le concours au marc le franc a toujours lieu. Mais la caution est dans une position différente ; elle s'est obligée par contrat, elle s'est portée garante envers le créancier de la solvabilité actuelle et future du débiteur. Cela posé, la question est de savoir si elle peut, en se présentant à la distribution, augmenter cette insolvabilité au préjudice du créancier ; si elle peut, par son concours, amoindrir le dividende du créancier.

Dans le cas de faillite, l'art. 544 du C. de com. est formel : La caution qui aura fait le payement partiel sera comprise dans la même masse que le créancier pour tout ce qu'elle aura payé à la décharge du failli. Ainsi la caution viendra en concours avec le créancier. Cette disposition ne nous paraît pas conforme aux principes ; nous pensons donc qu'elle doit être restreinte au cas de faillite, et dans le cas de déconfiture, nous déciderons au contraire que la caution ne doit pas être admise à concourir avec le créancier. Voici comment on procédera : Soit une dette de 20,000 fr., garantie par une caution, et une autre dette de 20,000 ; la caution paye 10,000 fr. il y a 6,000 fr. à distribuer. A l'égard du créancier, il faut faire abstraction de la caution ; il doit être colloqué comme si elle n'avait pas de recours à exercer ; il recevra donc 2,000 fr. Les droits de ce créancier ainsi réglés, il reste à déterminer ceux de l'autre créancier et de la caution. Tous deux ont une condition égale, car si la caution est dans une situation subordonnée vis-à-vis du créancier qui l'a pour obligée, elle marche de pair avec le deuxième créancier. Celui-ci doit donc être colloqué, en prenant pour base de la collocation le montant des trois créances ou 40,000 fr. C'est par conséquent

3,000 fr. qui lui reviennent. Restent 1,000 fr. qui appartiennent à la caution. Bien entendu le créancier qui n'a pas été complétement désintéressé pourra saisir et arrêter le dividende dévolu à la caution, afin d'assurer son payement intégral (1).

132. Supposons que, la dette ayant été acquittée en partie par une caution, le cofidéjusseur de cette caution paye le reliquat. Si au lieu de deux cautions c'étaient deux tiers étrangers à la dette qui avaient payé chacun une moitié de cette dette, il y aurait lieu d'examiner, bien que la jurisprudence et la doctrine soient à peu près unamines sur cette question, si le deuxième subrogé n'a pas reçu avec la subrogation le droit qu'avait le créancier d'être payé de ce qui lui restait dû par préférence à celui dont il n'a reçu qu'un payement partiel, en sorte que le deuxième subrogé primerait le premier dans la distribution à recevoir. Mais cette question, que la jurisprudence et la doctrine décident négativement, ne se présente pas quand il s'agit de cautions, et on comprend pourquoi. Soit une dette hypothécaire de 10,000 fr. garantie par deux cautions. L'une d'elles paye d'abord la moitié de la dette, l'autre paye ensuite le reliquat. La vente de l'immeuble ne produit que 5,000 fr. Si la caution qui a payé la dernière invoquait le privilége de l'art 1252, l'autre lui répondrait victorieusement : mais j'ai payé 5,000 fr., j'ai donc recours contre vous pour 2,500 fr. en vertu de l'art. 2033 ; c'est 2,500 que vous me devez, j'ai donc le droit de les prendre sur les 5,000 fr. qui sont à distribuer (2).

(1) Mourlon, p. 19 et suiv.
(2) Mourlon, p. 46.

§ 4. **De l'effet de la subrogation entre la caution et le tiers qui, sans s'obliger personnellement, affecte un de ses biens au payement de la dette.**

133. *Primus* emprunte 10, *Secundus* se porte caution, *Tertius*, sans s'obliger personnellement, affecte par hypothèque un de ses immeubles au payement de la dette. Comment faut-il régler les rapports de *Secundus* et de *Tertius?*

Voici quelles sont les idées à l'aide desquelles nous répondrons à cette question. Le tiers dont il s'agit est une espèce de caution; comme la caution personnelle, il est obligé pour autrui. L'un et l'autre sont dans la même position, également exposés au danger de payer la dette et de subir l'insolvabilité du débiteur. Leur situation l'un vis-à-vis de l'autre nous paraît donc être celle qui existe entre deux cofidéjusseurs. Celui qui paye la dette fait l'affaire de l'autre, du moins à ne considérer que le résultat, *effectu inspecto*. Est-ce en effet la caution personnelle qui paye, le tiers qui a hypothéqué son immeuble n'aura plus à craindre d'être obligé de le délaisser. Est-ce au contraire ce tiers qui a fait le payement, la caution personnelle se trouvera libérée. Il nous semble donc qu'on peut leur appliquer ce que Pothier dit des fidéjusseurs pour justifier le recours qui leur est accordé entre eux.

134. Cette décision n'est pas admise par tout le monde. M. Troplong (1), par exemple, soutient que la caution personnelle n'a aucun droit contre le tiers qui a hypothéqué son immeuble, et il se fonde notamment

(1) *Cautionnement*, n° 427.

sur cette raison que « les obligés personnels sont plus » étroitement liés que ceux qui sont obligés *re tantum;* » que ceux-ci ne sont tenus qu'à défaut de ceux-là. »

L'argument est tiré de l'art. 2170. Tout à l'heure nous réfuterons cet argument, en montrant que l'article 2170 ne doit pas être entendu dans le sens que lui supposent, du reste, un assez grand nombre d'auteurs. L'obligé *re tantum* est tout aussi étroitement lié que l'obligé personnel. La seule différence qui existe entre eux, c'est que l'un est tenu par action personnelle et l'autre par action hypothécaire. Le créancier est maître de s'adresser à l'un comme à l'autre. S'ils sont dans la même position vis-à-vis du créancier, ils sont aussi dans la même position vis-à-vis de la loi, qui leur doit une égale faveur : tous deux sont cautions, sont garants de la dette d'autrui; tous deux sont intervenus par générosité, pour rendre service à leur prochain. La raison et l'équité demandent donc qu'on ne fasse pas porter le poids de la dette sur l'un plutôt que sur l'autre, et qu'on leur applique la règle qui régit les cofidéjusseurs, à savoir que celui qui a acquitté la dette a recours et est subrogé contre ses coobligés, à l'effet de leur faire supporter leur part d'un payement qui profite à tous (1).

Quant au système qui consisterait à dire que de la caution personnelle ou de la caution réelle, celle-là sera subrogée et subrogée pour le tout contre l'autre qui acquittera la dette, en sorte qu'il dépendra du hasard ou du caprice du créancier de faire tomber sur l'une ou sur l'autre la charge exclusive de l'insolvabilité du débi-

(1) Mourlon, p. 225 et suiv.

teur, nous le croyons trop injuste et trop peu juridique pour pouvoir être sérieusement soutenu.

135. Nous avons dit que la perte résultant de l'insolvabilité du débiteur devait être répartie entre la caution personnelle et la caution réelle. Mais, à cette règle ainsi posée, nous devons apporter un tempérament. Nous nous sommes, en effet, fondé sur ce que ces coobligés étaient exposés au même danger, soumis aux mêmes chances de préjudice. Nous nous placions dans l'hypothèse où la valeur de l'immeuble hypothéqué par le tiers est égale ou supérieure au montant de la dette. Dans ce cas, en effet, la répartition se fera également, parce que chacune des parties était menacée d'un préjudice égal. Mais si nous supposons que la valeur de la chose hypothéquée est inférieure au montant de la dette, il ne sera plus vrai de dire que la caution personnelle et la caution réelle sont soumises aux mêmes chances de perte. Soit, par exemple, une dette de 10 ; l'immeuble hypothéqué ne vaut que 5. La perte dont est menacée la caution personnelle est de 10, au lieu que pour la caution réelle cette perte n'est que de 5. Les chances de perte n'étant pas égales, la contribution ne doit pas être égale non plus ; elle doit se faire proportionnellement au montant de la dette pour la caution personnelle, et à la valeur de l'immeuble hypothéqué pour la caution réelle (1).

M. Ponsot (2) n'est pas de cet avis, il veut que la répartition se fasse également ; mais nous ne croyons pas que cette opinion doive être adoptée.

---

(1) Mourlon, p. 434.
(2) *Cautionnement*, n° 285.

§ 5. De l'effet de la subrogation entre le tiers détenteur et la caution.

136. Nous passons à une autre hypothèse : Ce n'est plus un tiers qui, par générosité, affecte un de ses biens au payement de la dette d'autrui ; c'est un tiers à qui le débiteur a transmis à titre onéreux ou à titre gratuit un de ses immeubles qu'il avait hypothéqué à son créancier. La dette, indépendamment de l'hypothèque, est garantie par une caution. Comment réglerons-nous les rapports de cette caution avec le tiers détenteur? Tout à l'heure nous avions en présence une caution personnelle et une caution réelle, et cette situation donnée, nous décidions qu'il fallait établir une contribution entre ces deux obligés. Devons-nous, dans la question qui nous occupe, donner la même décision?

Qatre systèmes se présentent. On peut dire : 1° que la caution sera subrogée contre le tiers détenteur si c'est elle qui paye, et que réciproquement, le tiers détenteur sera subrogé contre la caution si c'est lui qui acquitte la dette ;

2° Que le tiers détenteur est préférable à la caution ; qu'en conséquence la subrogation aura lieu à son profit contre la caution, tandis qu'elle n'aura pas lieu au profit de la caution contre lui ;

3° Que c'est au contraire la caution qui est préférable au tiers détenteur, et qu'en conséquence elle aura la subrogation contre le tiers détenteur sans que celui-ci ait aucun recours contre elle ;

4° Que le tiers détenteur et la caution sont sur la même ligne, partant qu'il faut faire la répartition. Ce système est celui que nous avons adopté dans les rapports de la caution personnelle et la caution réelle.

Nous écarterons tout d'abord le premier système, comme nous l'avons fait dans la précédente question.

Nous ne traiterons pas aussi dédaigneusement le deuxième, qui compte un grand nombre de partisans et qui mérite un sérieux examen.

137. Le principal argument sur lequel ce système se fonde est dans l'art. 2170. Cet article est ainsi conçu : « Néanmoins le tiers débiteur qui n'est pas personnellemen obligé à la dette, peut s'opposer à la vente de l'héritage hypothéqué qui lui a été transmis, s'il est demeuré d'autres immeubles hypothéqués à la même dette dans la possession du *principal ou des principaux obligés*, et en requérir la discussion préalable selon la forme réglée au titre du cautionnement : pendant cette discussion il sera sursis à la vente de l'héritage hypothéqué. »

Comme on le voit, cet article accorde un bénéfice de discussion au tiers détenteur. Ce tiers peut renvoyer le créancier à discuter les immeubles hypothéqués à la dette qui sont dans la possession *du principal ou des principaux obligés*. Ce sont ces derniers mots : *principaux obligés* qui font toute la difficulté. Les partisans du système que nous combattons les entendent aussi bien des cautions que des débiteurs principaux. Selon eux, les cautions, simples débiteurs accessoires vis-à-vis du débiteur, sont de véritables débiteurs principaux à l'égard des tiers détenteurs.

Nous ne pouvons admettre une pareille interprétation. Il nous paraît impossible de comprendre les cautions dans ces expressions : *obligés principaux*. Qu'on lise toutes les dispositions relatives au cautionnement, et nulle part on ne trouvera ces expressions employées pour désigner les cautions. Les cautions sont des débiteurs accessoires, elles ne sont que cela, et c'est faire violence aux principes que de vouloir leur appliquer une qualification qui répugne à la nature de leur engagement. Si les rédacteurs de l'art. 2170 avaient entendu accorder au tiers détenteur le droit de faire discuter tant les cautions que les débiteurs principaux, ils n'auraient pas manqué de s'en expliquer clairement; car outre qu'il ne leur en coûtait pas beaucoup d'ajouter : *les cautions*, ils avaient sous les yeux le livre de Pothier qui professait, du reste, que les tiers détenteurs avaient le bénéfice de discussion tant contre les cautions que contre les débiteurs principaux, mais qui au moins avait le bon esprit de s'expliquer clairement. Je lis en effet dans Pothier : « Les tiers détenteurs ont le droit de renvoyer à la discussion du *débiteur principal de ses cautions*, les créanciers qui donneraient contre eux l'action hypothécaire. »

Les adversaires invoquent ce passage de Pothier; mais nous leur répondrons que les rédacteurs du Code n'ont pas admis l'opinion de Pothier. Ce qui le prouve, c'est qu'ils ont employé des expressions différentes des siennes. Ils se sont, du reste, écartés de Pothier sur un autre point. Ce grand jurisconsulte voulait, en effet, que le créancier fût obligé, sur la réquisition du tiers détenteur, de discuter les biens, hypothéqués ou non, meubles ou immeubles, du débiteur et des cautions. Au lieu de cela, l'art. 2170 restreint le bénéfice de discussion aux immeubles hypothéqués qui sont restés dans la possession des principaux obligés. Or si le législateur s'est écarté de Pothier en ce qui touche les biens à discuter, pourquoi ne s'en serait-il pas écarté en ce qui touche les personnes dont les biens doivent être discutés? D'ailleurs, nous regrettons de le dire, l'autorité de Pothier ne saurait avoir aucune influence dans la question qui nous occupe à cause des contradictions et des incohérences que sa doctrine présente. L'espace nous manque pour justifier complétement ce reproche que nous adressons au grand jurisconsulte. Nous nous bornerons à mettre en regard les diverses propositions qui se heurtent dans ses ouvrages : 1° Le tiers détenteur a le droit de discussion contre la caution (1) ; 2° Quand il n'oppose pas l'exception de discussion, il est subrogé contre elle à l'effet de se rembourser de ce qu'il a payé au créancier (2) ; 3° La caution a le droit de veiller à la conservation des hypothèques sur les immeubles qui sont entre les mains des tiers détenteurs, en sommant le créancier d'interrupter à leurs risques les tiers acquéreurs ou de s'opposer au décret (3) ; 4° La caution qui acquitte la dette a le droit de requérir la subrogation tant contre le débiteur que contre tous ceux qui sont tenus de la dette (4), et par conséquent contre les tiers détenteurs parce qu'ils sont tenus de la dette. Ces diverses propositions nous paraissent inconciliables. Nous ferons aux rédacteurs du Code l'honneur de croire qu'ils ont été frappés de ces contradictions et que, laissant de côté leur guide ordinaire, ils se sont attachés à se faire une doctrine en harmonie avec elle-même. Or, la pensée du législateur nous paraît clairement révélée par l'art. 2037. Cette disposition répond péremptoirement à l'interprétation qu'on prétend donner

(1) *Oblig.*, n° 412.
(2) *Cout. d'Orl.*, tit. 20, chap. 1, art. *Prél.*, sect. III, art. 1, § 5, n° 42
(3) *Oblig.*, n° 557.
(4) *Oblig.*, n° 420.

à l'art. 2170 ; elle porte que la caution est déchargée lorsque le créancier s'est mis par son fait dans l'impossibilité de la subroger à ses droits, priviléges et hypothèques.

Comment, en présence de cette disposition, soutenir que le tiers détenteur jouit du bénéfice de discussion à l'encontre de la caution? L'art. 2037 est aussi absolu que possible dans ses termes ; il ne distingue nullement si les immeubles hypothéqués sont restés en la possession du débiteur ou s'ils sont passés dans les mains des tiers. Si donc la caution a le droit d'agir hypothécairement contre les tiers détenteurs, comment ceux-ci pourraient-ils envoyer le créancier à discuter préalablement la caution ? Elle se trouverait évincée par le fait indirect de ceux qui lui doivent garantie. Or *quem de evictione tenet actio, eumdem agentem repellit exceptio* (1).

Ces expressions : *obligés principaux* de l'art. 2170 ne doivent donc pas être entendus des cautions, mais seulement des débiteurs principaux, c'est-à-dire de ceux dans l'intérêt desquels la dette a été contractée. En employant ce pluriel, l'article suppose le cas de plusieurs débiteurs solidaires, ou bien encore celui où le débiteur est mort laissant plusieurs héritiers.

138. Un deuxième argument est tiré de l'art. 2023 que nous avons analysé à propos du bénéfice de discussion. Cet article ne promet pas à la caution de faire discuter les biens hypothéqués à la dette qui sont en la possession des tiers détenteurs. Les adversaires en concluent que la caution n'est pas subrogée contre le tiers

---

(1) M. Bugnet, *sur Pothier*, p. 2[illegible].

détenteur ; car si elle avait la subrogation contre lui, comment lui refuserait-on le droit de faire discuter ce tiers détenteur qui ne perdra rien pour attendre? Cet argument aurait de la force si la disposition sur laquelle il se fonde avait été rendue, comme le supposent les adversaires, en vue du degré relatif de faveur que méritent la caution et le tiers détenteur ; mais il n'en est rien. Il suffit, en effet, de lire la discussion qui a eu lieu à propos de cette disposition pour se convaincre que le législateur ne s'est pas occupé de la situation respective de la caution et du tiers détenteur l'un vis-à-vis de l'autre. Les motifs de l'art. 2023, nous les avons précédemment fait connaître : ils sont tirés de l'intérêt du créancier. Le Code a suivi Pothier, qui donnait pour raison de cette décision que la discussion ne devait être ni trop longue ni trop difficile, raison qui a été reproduite par M. Chabot. L'art. 2023 ne prouve rien en faveur de ceux qui l'invoquent.

139. Le deuxième système écarté, dirons-nous avec le quatrième que l'on doit établir une répartition entre le tiers détenteur et la caution, en faisant le raisonnement suivant : La loi subroge le tiers détenteur qui désintéresse le créancier (art. 1251, 3°); or la subrogation produit son effet tant contre le débiteur que contre les cautions (art. 1252). Ainsi le tiers détenteur est subrogé contre la caution. Mais la caution est également subrogée contre le tiers détenteur : or c'est un principe de raison et de justice que deux personnes étant dans une position telle que l'une est de plein droit subrogée contre l'autre, laquelle l'aurait été elle-même contre la première si elle eût été contrainte de payer, la subrogation entre ces deux personnes ne produit qu'un effet

partiel, à l'exemple de ce qui a lieu entre cofidéjusseurs.

Ce système, au premier abord, semble assez rationnel; cependant nous ne l'admettrons pas ici comme nous l'avons admis entre la caution personnelle et la caution réelle, parce que nous ne croyons pas que ce soit le système de la loi. Il nous paraît, en effet, que l'art. 2037 décide la question complétement en faveur de la caution.

Il résulte en effet de cet article que le créancier est obligé, dans l'intérêt de la caution, de conserver les garanties en vue desquelles celle-ci s'est obligée, sur lesquelles elle compte pour s'indemniser des suites de son cautionnement. La loi a voulu assurer une complète indemnité à la caution; celle-ci ne doit donc pas être frustrée dans sa juste attente. Le créancier ne peut pas nuire à la caution en exerçant une hypothèque qui est sa sauvegarde et qu'il a promis de lui conserver; en exerçant cette hypothèque, il est censé renoncer à ses droits contre la caution. Le tiers détenteur qui a acquitté la dette n'a donc aucune action contre elle; si c'est, au contraire, la caution qui a payé, elle a le droit de recourir pour le tout contre le tiers détenteur, en vertu de l'art. 2037 qui la subroge aux hypothèques, à l'effet de rentrer dans ses déboursés.

Et cette préférence que nous accordons à la caution, sur l'autorité de l'art. 2037, est conforme à la raison et à l'équité autant qu'à la loi. La caution mérite certainement plus de faveur que le tiers détenteur. Et d'abord ceci nous paraît incontestable si ce tiers détenteur est un donataire; la loi ne peut pas préférer celui qui *certat de lucro captando* à celui qui *certat de damno vitando*. En supposant même que c'est un acquéreur à titre onéreux, nous trouvons la caution plus intéressante que lui; le tiers acquéreur, en effet, est un spéculateur qui cherche à gagner, tandis que celui dont la généreuse intervention a procuré du crédit au débiteur et des sûretés au créancier, ne cherche qu'à éviter un préjudice. La caution peut dire qu'elle ne s'est obligée qu'en considération de l'hypothèque que lui assure l'art. 2037; le tiers détenteur peut-il dire qu'il ne s'est déterminé à acquérir qu'en considération du cautionnement? Évidemment non; ce qui l'a déterminé à acquérir, c'est le gain qu'il espérait faire. Refuser à la caution la subrogation contre le tiers détenteur, c'est la ruiner peut-être; mais ce tiers détenteur, lui, qu'a-t-il à craindre? N'a-t-il pas la formalité de la purge qui le protége contre tout danger? En droit romain, et dans notre ancien droit, on pouvait préférer le tiers détenteur à la caution, parce que les hypothèques étant occultes, le tiers acquéreur était exposé à éprouver un préjudice; mais aujourd'hui il n'a qu'à remplir la formalité de la purge, il n'a qu'à offrir son prix aux créanciers. Que si, au lieu de remplir ces formalités, il a imprudemment payé son prix au vendeur, qu'il subisse les conséquences de sa faute.

Un dernier mot. On a prétendu que le recours de la caution contre les tiers détenteurs était une entrave à la circulation des biens. C'est une erreur; la crainte de ce recours ne saurait empêcher les tiers de contracter; n'ont-ils pas la purge pour les mettre à l'abri de tout danger?

S'il y a un système qui blesse l'intérêt général, c'est le système que nous combattons et non pas le nôtre; car si la caution est privée de recours contre le tiers détenteur, de deux choses l'une : ou elle ne s'obligera pas, et alors c'est le crédit qui en souffre ; ou elle exigera des sûretés pour son recours, une hypothèque, par exemple : auquel cas c'est un obstacle de plus qui est mis à la circulation des biens (1).

140. Jusqu'ici nous avons raisonné en supposant l'hypothèque constituée en même temps que le cautionnement. Que si nous la supposons constituée postérieurement au cautionnement, nous sommes obligé de modifier notre théorie. La caution, en effet, ne peut pas dire qu'elle ne s'est déterminée à intervenir qu'en considération de l'hypothèque, puisque cette garantie n'existait pas quand elle s'est obligée. Cela étant, et l'art. 2037 nous faisant par conséquent défaut, nous admettrons, dans ce cas, le même système que nous avons adopté à l'égard de la caution personnelle et de la caution réelle, c'est-à-dire le système de la répartition ; et cela par des motifs à peu près semblables. La caution et le tiers détenteur sont dans une position à peu près identique ; tous les deux sont également tenus de la dette d'autrui, le payement fait par l'un libère l'autre ; il est donc juste qu'ils supportent en commun le fardeau de ce payement. Que l'on considère d'ailleurs combien serait injuste le recours pour le tout du tiers détenteur contre la caution dans le cas où ce tiers est un donataire (2).

§ 6. De l'art. 2037.

141. Nous arrivons à une disposition qui doit être considérée comme le corollaire et la sanction du bénéfice de

---

(1) Mourlon, p. 84 et suiv.
(2) Mourlon, p. 99.

subrogation accordé à la caution. C'est l'art. 2037, dont nous avons déjà parlé, et qui est ainsi conçu : « La caution est déchargée lorsque la subrogation aux droits, hypothèques et priviléges du créancier ne peut plus, par le fait du créancier, s'opérer en faveur de la caution. »

M. Troplong professe, sur cette disposition, un système qui lui est propre. Selon lui, c'est dans le bénéfice de discussion que se trouve l'origine du point de droit déposé dans l'art. 2037. Cet article est le corollaire du bénéfice de discussion et non celui du bénéfice de subrogation. On aperçoit les conséquences de cette doctrine, conséquences devant lesquelles M. Troplong est, du reste, loin de reculer : c'est que toutes les cautions qui sont privées du bénéfice de discussion, sont par là même privées du bénéfice de l'art. 2037. Ces deux bénéfices sont en quelque sorte la mesure l'un de l'autre. M. Troplong consacre à la défense de son système une très-longue dissertation. Nous n'entreprendrons pas de le suivre dans son argumentation, cela nous entraînerait dans des développements trop considérables ; mais nous espérons, au moyen des observations suivantes, montrer que ce système est aussi contraire au texte qu'à l'esprit de la loi.

142. Nous avons dit qu'en droit romain, le *mandator pecuniæ credendæ* était libéré envers son mandataire lorsque celui-ci s'était mis, par sa faute, dans l'impossibilité de lui céder ses actions contre l'emprunteur; nous avons dit que, de même, le fidéjusseur *indemnitatis* était libéré lorsque le créancier avait perdu, par sa faute, les sûretés qui, si elles eussent été conservées, lui auraient procuré le payement de sa créance. Nous avons ajouté qu'il en était autrement du fidéjusseur ordinaire avant Justinien, mais que l'introduction du bénéfice de dicussion par Justinien avait

eu pour effet d'étendre à tous les fidéjusseurs ce qui, avant cet empereur, était particulier aux fidéjusseurs *indemnitatis*.

Suit-il de là que le bénéfice de discussion est, comme le prétend M. Troplong, l'origine de l'art. 2037, de telle sorte que ceux-là seuls peuvent invoquer cet article qui peuvent invoquer le bénéfice de discussion? Nullement. Il suffit, en effet, de lire nos anciens auteurs pour se convaincre que c'est dans un autre ordre d'idées qu'a été puisée l'excellente règle qui nous occupe en ce moment. Ainsi Pothier, après avoir décidé que si le créancier a déchargé l'un des fidéjusseurs et s'est mis, par conséquent, hors d'état de pouvoir céder aux autres l'action qu'il avait contre lui, ces fidéjusseurs sont libérés pour la part pour laquelle ils auraient eu recours contre le fidéjusseur déchargé, en donne cette raison que « lorsque plusieurs personnes se rendent cautions pour un débiteur principal, elles comptent sur le recours qu'elles auront les unes contre les autres : ce n'est que dans cette confiance qu'elles contractent leur engagement, qu'elles n'auraient pas contracté sans cela; il n'est donc pas juste que le créancier les en prive par son fait (1).

Voici donc le véritable motif de l'art. 2037 : c'est que la caution qui consent à s'engager pour le débiteur compte pour se rembourser, au cas où elle serait dans la nécessité de payer, sur les garanties de la créance que la subrogation lui transporte; or il ne faut pas que la caution, qui n'est intervenue qu'en considération de ces garanties, soit frustrée dans ses légitimes espérances. Qu'importe que la caution puisse ou non invoquer le bé-

---

(1) *Oblig.*, n° 557.

néfice de discussion? Si elle a renoncé au bénéfice de discussion, c'est une raison de plus de ne pas lui refuser le bénéfice de l'art. 2037; car si elle a consenti à cette renonciation, c'est qu'elle a considéré que la subrogation serait sa sauvegarde; c'est dans cette confiance qu'elle a renoncé au bénéfice de discussion.

143. Le texte de l'art. 2037 vient confirmer de la manière la plus puissante cette interprétation. Ses termes sont aussi généraux et aussi absolus que possible; ils ne comportent aucune distinction. *La caution est déchargée.* Évidement c'est toute caution qui est déchargée et non pas seulement la caution qui jouit du bénéfice de discussion. Comprendrait-on qu'un article rédigé comme l'est l'art. 2037 renfermât toutes les distinctions qui résultent de la doctrine de M. Troplong? Il faudrait, en effet, distinguer si les biens hypothéqués sont situés dans l'arrondissement de la Cour impériale, ou s'ils sont situés hors de cet arrondissement. Ce n'est qu'au premier de ces deux cas que la caution a le bénéfice de discussion; c'est n'est, par conséquent, qu'au premier de ces deux cas que s'appliquerait l'art. 2037. Pareillement, il faudrait distinguer si les biens hypothéqués sont ou non litigieux, s'ils sont ou non restés en la possession du débiteur (art. 2023). De pareilles distinctions sont évidemment incompatibles avec la généralité des termes de l'art. 2037.

144. Si, après avoir invoqué l'autorité de Pothier et le texte de la loi, nous consultons les travaux préparatoires de l'art. 2037, la pensée du législateur nous y apparaîtra de la manière la plus claire. Nous ne citerons que ces paroles de M. Chabot, répondant à M. Goupil qui voulait que la caution eût le bénéfice de discussion,

même à l'égard des biens possédés par des tiers : « Il peut y avoir, disait M. Chabot, une connivence entre le créancier et le débiteur. Mais la caution n'est-elle pas subrogée à tous les droits du créancier, et n'est-elle pas déchargée lorsque cette subrogation ne peut avoir lieu par le fait du créancier (1) ? »

Donc le bénéfice de l'art. 2037 n'est pas une conséquence du bénéfice de discussion, puisque bien que la caution n'ait pas le droit de demander la discussion des biens hypothéqués possédés par des tiers, elle est néanmoins déchargée lorsque la subrogation aux hypothèques dont ces biens étaient grevés, est devenue impossible par le fait du créancier.

145. Notre dernier argument est que cette interprétation de l'art. 2037 est à la fois conforme à l'équité, à l'intérêt du crédit et à l'esprit général de la loi. Qu'on n'oublie pas combien la caution, par sa généreuse intervention, est utile au crédit public, et combien dès lors il importe de l'encourager en la protégeant. La caution mérite toute la faveur de la loi ; aussi cette faveur ne lui fait pas défaut : c'est ainsi qu'on lui accorde les trois précieux bénéfices qui font l'objet de ce travail. Cette faveur de la loi apparaît encore dans d'autres dispositions, notamment dans les art. 2028 et 2038. C'est cette même faveur dont la loi entoure la caution qui a dicté l'art. 2037. Tout cela manifeste trop clairement les intentions bienveillantes du législateur, pour qu'il soit permis de suivre l'interprétation de M. Troplong. L'équité ne s'élève pas avec moins de force pour la repousser. Qu'est-ce qu'on demande au créancier ? On

(1) Fenet., t. XIII, p. 70.

lui demande de ne pas abandonner ses garanties, de ne pas renoncer à ses droits. Certes, ce n'est pas lui imposer une obligation bien onéreuse ! Quels motifs sérieux aurait-il de s'en prétendre affranchi? quels motifs sérieux et légitimes aurait-il d'enlever à la caution des garanties sur lesquelles elle a compté et sans lesquelles sa fortune serait gravement compromise?

Nous appliquerons d'une manière générale l'art. 2037 à toute caution. C'est la doctrine de tous les auteurs (1).

146. Ici nous devons signaler une antinomie apparente qui existe entre notre article et l'art. 1287. Ce dernier article porte que « la décharge accordée à l'une des cautions ne libère pas les autres. » Il résulte au contraire de l'art. 2037 que la décharge accordée à l'une des cautions libère les autres pour la part pour laquelle elles auraient un recours contre la caution déchargée. Cette antinomie, comme nous l'avons dit, n'est qu'apparente, elle disparaît quand on se reporte aux travaux préparatoires du Code. Lors de la discussion de l'art. 1287, les rédacteurs avaient sur les obligations des cautions et sur leurs rapports entre elles des idées qui ont été abandonnées quand on a fait la loi du cautionnement. Ils considéraient les cautions comme étrangères les unes aux autres, comme n'étant tenues chacune que pour sa part virile. Partant de là, il était naturel de dire que la décharge accordée à l'une des cautions ne libérait pas les autres. Mais plus tard, des idées différentes remplacèrent dans l'esprit des rédacteurs du Code celles qui avaient

(1) Merlin, *Questions de droit*, vo *Solidarité*, § 5. — Toullier, t. VII, p. 172. — Demante, *Cours de droit français*. t. III, n° 797. — Duranton, t. XVIII, n° 389. — Zachariæ, t. III, p. 165. — Ponsot, n° 32. — Mourlon, p. 486 et suiv.

dicté la disposition de l'art. 1287. C'est l'art. 2025 qui en contient l'expression : quand il y a plusieurs cautions, chacune d'elles est tenue *in solidum*. Ces simples réflexions suffisent pour montrer que l'art. 1287 ne doit pas être pris à la lettre, qu'il est modifié par l'art. 2037.

147. La caution serait-elle déchargée, si les garanties avaient été données depuis le cautionnement? Dans ce cas la caution ne peut pas dire qu'elle a été déterminée par la considération que ces garanties assureraient son recours. Aussi Pothier (1) dit-il que si le fidéjusseur déchargé ne s'est rendu caution que depuis le cautionnement des autres, ceux-ci n'ont pas l'exception *cedendarum actionum* contre le créancier. Nous admettrons cette décision de Pothier, car nous ne trouvons rien dans la loi qui fasse supposer qu'elle a voulu innover.

161. Une dernière question se présente : l'art. 2037 s'applique-t-il seulement au cas où le créancier a perdu ses sûretés par son fait positif, c'est-à-dire par la remise qu'il en a faite soit au débiteur, soit aux tiers détenteurs, ou s'applique-t-il également au cas où il les a laissé perdre par sa négligence, par exemple faute d'interrompre la prescription ou de renouveler une inscription en temps utile? Presque tous les auteurs, et la Cour de cassation avec eux, pensent qu'il ne faut pas distinguer entre le fait positif et l'omission d'action ou la simple négligence. Pothier, au contraire, faisait cette distinction (2). Il se fondait sur ces deux motifs : « 1° que le créancier n'est obligé à la cession de ses actions que par une pure raison d'équité ; qu'il suffit, par conséquent,

(1) *Oblig.*, n° 557.
(2) *Oblig.*, n° 557.

qu'il apporte à cet égard de la bonne foi; 2° que les fidéjusseurs ont pu, aussi bien que lui, veiller à la conservation du gage qui s'est perdu; ils pouvaient le sommer d'interrupter à leurs risques les tiers acquéreurs. Ce n'est que dans le cas où ils auraient mis le créancier en demeure qu'ils peuvent se plaindre qu'il a laissé perdre ses hypothèques; mais lorsqu'ils n'ont pas plus veillé que lui, ils ne sont pas recevables à lui opposer une négligence qui leur est commune avec lui. »

Le Code a-t-il reproduit cette doctrine de Pothier ou a-t-il innové? Malgré les excellentes raisons qui ont été données à l'appui de cette dernière opinion, nous sommes porté à croire que les rédacteurs de l'art. 2037 n'ont eu d'autre but que de consacrer législativement l'obligation que Pothier faisait dériver de l'équité. Dans les travaux préparatoires, on ne trouve rien qui donne à penser qu'ils ont ajouté à cette obligation. « Le créancier, disait au tribunat le tribun Lahary, doit *s'interdire* tout ce qui tendrait à enlever au fidéjusseur les moyens d'être indemnisé du cautionnement qu'il a fourni. » On le voit, tout ce qu'on demande au créancier, c'est qu'il s'abstienne. C'est une simple abstention qu'on exige de lui.

On a tiré argument de ce que l'art. 2037 porte seulement ces mots: *par le fait*, tandis que Pothier disait: *par le fait positif*. On conclut de cette variante à une innovation, on dit que le mot *fait* a un sens général, qu'il comprend à la fois le fait positif et l'omission d'action. Mais c'est là un argument qui n'est rien moins que décisif, car le mot *fait*, quoi qu'on en dise, est loin d'avoir dans le Code un sens parfaitement déterminé; il suffit, pour s'en convaincre, de se reporter aux art. 1382 et 1383. Le système que nous repoussons serait d'ailleurs, il faut en convenir, bien rigoureux pour le créancier.

POSITIONS.

DROIT ROMAIN.

1. L'exception de division ne peut pas être opposée après la *litiscontestatio*.

2. La novelle 99 ne s'applique qu'aux *correi debendi* qui se sont portés fidéjusseurs les uns des autres.

3. L'héritier du fidéjusseur d'une vente qui revendique, de son propre chef, la chose vendue, peut être repoussé par l'exception *quem de evictione*, etc.

4. La novation faite par l'un des costipulants avec le débiteur, libère ce débiteur envers les autres (L. 31, § 1, D., *De novatione*).

5. Le défendeur à la revendication qui ne possédait pas au temps de la *litiscontestatio*, mais qui possède au temps du jugement, doit être condamné (L. 27, § 1, D., *De rei vindic. Nec obstat* L. 23, D., *De judiciis*).

6. La L. 69, D., *De rei vindicatione*, peut se concilier avec la L. 12, D., *De re judicatâ*.

DROIT FRANÇAIS.

1. L'exception de discussion doit-elle toujours être opposée *in limine litis?* — Non.

2. L'exception de division peut être opposée en tout état de cause, même en appel.

3. La caution qui s'est portée caution malgré le débiteur, a-t-elle action contre lui? — Il faut distinguer.

4. La caution et le tiers qui, sans s'obliger personnellement, a hypothéqué un de ses biens pour sûreté de la dette, doivent contribuer proportionnellement au payement de la dette.

5. La caution qui a payé la dette est subrogée pour le tout contre le tiers détenteur. Au contraire, le tiers détenteur qui a acquitté la dette n'a aucun recours contre la caution.

6. L'art. 2037 s'applique à toute caution, qu'elle jouisse ou non du bénéfice de discussion.

7. L'art. 2037 ne s'applique pas au cas de simple négligence de la part du créancier.

8. Le droit de préférence de l'art. 1252 passe au deuxième subrogé qui a payé le reliquat, sauf exception.

9. La recherche de la maternité n'est pas admise contre l'enfant.

10. La femme étrangère a hypothèque légale sur les biens de son mari situés en France.

HISTOIRE DU DROIT.

1. La communauté a une origine germaine.

2. La censive a principalement son origine dans la pratique de la recommandation.

DROIT CRIMINEL.

1. Le complice du fils qui a commis une soustraction au préjudice de son père doit-il bénéficier de l'impunité accordée à l'auteur principal (art. 380 du Code pénal)? — Non.

2. La partie lésée qui s'est constituée partie civile peut-elle être entendue en témoignage contre l'accusé ?—Non.

DROIT ADMINISTRATIF.

1. L'autorisation du Conseil d'État est-elle nécessaire pour poursuivre les ministres du culte? — Non.

DROIT DES GENS.

1. Le traité conclu avec un prince prisonnier ne lie pas la nation dont ce prince est le chef.

Vu, le Président de la thèse,
COLMET DAAGE.

Vu par le Doyen,
C.-A. PELLAT.

Permis d'imprimer :
Le Recteur de l'Académie de la Seine,
CAYX.

TABLE DES MATIÈRES.

PREMIÈRE PARTIE.

DEUXIÈME PARTIE.

TROISIÈME PARTIE.

Paris. — Imprimé par E. Thunot et Cᵉ, 26, rue Racine.

www.ingramcontent.com/pod-product-compliance
Lightning Source LLC
LaVergne TN
LVHW050418160826
845677LV00002BA/420

* 9 7 8 2 3 2 9 7 5 7 6 9 8 *